사이토 히토리의

1퍼센트
부자의 법칙

사이토 히토리의
1퍼센트
부자의 법칙

© 나비스쿨 2023

2023년 1월 30일 1판 1쇄 발행
2024년 7월 31일 1판 34쇄 발행

펴낸이 | 조우석
펴낸곳 | 나비스쿨
편집장 | 김현정
디자인 | studio J
인쇄 | 예원프린팅

등록 | No.2020-00008
주소 | 서울특별시 성북구 돌곶이로 40길 46
이메일 | navischool21@naver.com

ISBN 979-11-973894-5-0

사이토 히토리의

1퍼센트
부자의 법칙

당신은 참 운이 좋은 사람입니다

contents

Chapter 1

일천 번의 법칙 · 13

사이토 히토리는 말합니다. 세상은 참 단순하다고.
이 단순한 세상에서 멋지게 살아가려면 무엇이 필요할까요?
1퍼센트 부자가 되기 위한 사이토 히토리의 핵심 법칙들.

Chapter 2

운의 법칙 · 61

좋은 운을 불러오기 위해 과연 무엇을 해야 할까요?
그저 몇 가지 말을 소리 내어 하는 것만으로 충분합니다.
행복한 부자가 되기 위한 사이토 히토리의 필수 법칙들.

Chapter 3

균형의 법칙 · 97

우리는 처음부터 지혜를 갖고 태어납니다.
그 사실을 깨달을 때 풍요로운 삶이 시작되지요.
지혜로운 부자가 되기 위한 사이토 히토리의 중심 법칙들.

Chapter 4

가속의 법칙 · 113

어떤 상황에서도 화를 낼 필요가 없습니다.
어차피 다 잘 될 것이기 때문입니다.
즐거운 부자가 되기 위한 사이토 히토리의 행복 법칙들.

Chapter 5

78점의 법칙 · 143

완벽한 사람은 이 세상에 존재하지 않습니다.
활짝 웃는 것만으로 결점은 어느새 매력으로 바뀌지요.
유쾌한 부자가 되기 위한 사이토 히토리의 성공 법칙들.

Chapter 1

일천 번의 법칙

단순한 세상

저는 예전부터 말해 왔습니다. 세상은 무척 단순하다고요. 이제 이 생각은 제 안에 스며들어 숨을 쉬는 것처럼 자연스럽습니다. 그런데 대부분은 이 사실을 잘 알지 못합니다. 제대로 이해하는 사람은 고작 열 명 정도, 저의 제자들뿐인 것 같습니다.

제자들은 저와 같은 일을 합니다. 그리고 다들 세상에서 말하는 '부자들'입니다. 그들이 제게 사업하는 법을 배웠다고 해서 제자라고 부르는 건 아닙니다. 가르침을 이해했다는 의미에서 제자라고 칭하는 것이지요.

오래전부터 저는 차별하지 않고 누구에게나 제 생각을 이야기해 왔습니다. 하지만 누구도 이해하려 들지 않았습니다. 오히려 괴짜를 만난 듯 대했지요. 그런 가운데 유독 제자들만은 저를 믿어주었습니다. 이 열 명의 제자에게 저는 꾸준히 말해 왔습니다. 이 세상은 무척 단순하다고요. 이 이야기를 본격적으로 꺼내기 전에 잠시 묻고 싶습니다.

"돈이 있다면 우리의 소원은 모두 이루어질까요?"
"돈으로 소원을 이룬 뒤 우리는 완벽하게 행복할까요?"

안타깝지만 그렇지 않습니다. 사람에겐 돈 말고도 필요한 것이 있습니다. 바로 건강한 몸과 풍요로운 마음입니다. 돈, 건강한 몸, 풍요로운 마음. 이 세 가지가 조화를 이룰 때 우리는 비로소 행복을 얻을 수 있습니다.

그렇다면 돈이 없을 땐 어떤 일이 생길까요? 물론 살아갈 방법은 얼마든지 있습니다. 하지만 현실적인 측면에서 한 가지 곤란한 점이 있긴 합니다. 싫은 이에게 머리를 숙여야 한다는 것이지요.

사람에겐 누구나 장점이 있지만, 약간의 착각과 부정적인 흐름이 더해져 어느새 기분 나쁜 사람이 되기도 합니다. 이런 사람과는 얽히지 않는 것이 상책입니다. 하지만 어쩔 수 없이 고개를 숙여야 하는 경우도 발생합니다. 그게 돈 때문이라면, 정말 답답

한 마음이 들게 됩니다.

저는 건강식품을 판매하는 사업을 합니다. 그런데 손님 가운데 유독 기분 나쁜 행동을 하는 분들이 있습니다. 그런 사람에게 이 말을 건넨다면 얼마나 속이 시원할까요.

"죄송합니다. 손님에겐 제 물건을 팔고 싶지 않습니다."

하지만 그런 말을 하기란 쉽지 않습니다. 나쁜 고객에게도 물건을 팔아야 돈을 벌 수 있으니까요. 그래서 보통은 끓어오르는 마음을 꾹 참곤 합니다. 그런데 저는 조금 다릅니다.

"미안하지만 당신에겐 물건을 팔지 않겠습니다."

이렇게 선뜻 말할 수 있습니다. 부자이기 때문입니다. 충분한 돈을 소유한 덕분에 진상 고객에게 머리를 숙이지 않아도 괜찮습니다. 그래서 행복합니다. 세상은 이렇게 단순한 이치대로 흘러갑니다.

행복을 향한 첫걸음

만약 진상 고객을 겪어내야만 하는 상황이라면 어떻게 해야 할까요? 필살기인 '미소'를 발휘할 시점입니다. 정말 어쩔 수 없는 고객이라면 상대하지 마세요. 그리고 다른 손님에겐 진심 어린 미소를 보여 주세요. 미소를 보이면 고객은 반드시 기뻐합니다. 이 세상에 웃는 얼굴을 싫어하는 사람은 없습니다.

여기서 한 가지 기억해야 하는 건 그저 웃는 것만으론 부족하다는 사실입니다. 고객을 기쁘게 하는 일이 무엇일지 꾸준히 생각해야 합니다. 그러면 표정 자체가 즐거워져서 미소가 자연스레 피어납니다. 그러면서 매상이 쑥쑥 올라가고, 일이 점점 좋은 방향으로 굴러가게 됩니다.

장사의 기본은 호감을 얻는 데 있습니다. 호감을 얻기 위한 가장 좋은 방법은 바로 '미소'입니다. 음식점이든 야채 가게든 모두 마찬가지입니다. 배를 채우거나 채소를 사겠다는 이유만으로 손님이 그곳을 방문하진 않습니다. 그 가게에 즐거운 일이 있을 것 같으니 찾아오는 것입니다.

그런데 점원이 퉁명스러운 표정을 짓고 있다면 보는 사람까지 기분이 나빠질 것입니다. 계속 뚱한 채 있다가 손님이 들어올 때 갑작스레 미소를 지어도 소용이 없습니다. 손님은 우리가 생각하는 것보다 훨씬 똑똑합니다. 그런 식으로 행동해 보았자 금세 들키고 맙니다.

"제 얼굴이 돈다발로 보이는 모양이죠?"

만약 손님에게 이런 말을 듣는다면 장사하는 사람으로서 자격
미달입니다. 자신이 하는 일을 진심으로 즐기며 그 기쁨을 손님
과 나눠 보세요. 그날부터 매상이 쑥쑥 올라갈 겁니다.

미소의 위력

사업을 하다 보면 여러 유형의 사람들을 만나게 됩니다. 회사
원도 마찬가지입니다. 막말을 하는 상사, 속 좁은 거래처 사람들
과 어쩔 수 없이 마주해야 합니다.

"제발 그만 좀 하세요!"

마음에 들지 않는 상대에게 이렇게 당당하게 말할 수 있다면
참 개운할 겁니다. 현실적으로 이런 일이 쉽지 않다면 주변에서
싫은 사람이 사라지는 것만으로 행복하겠지요. 이 일을 가능하
게 하는 것이 바로 '미소'입니다.

상사나 거래처 사람들을 대할 때 활짝 웃어 보세요. 이때 기억해야 할 사항이 있습니다. 어떤 상황에서도 미소를 잃지 말고 언제나 상대의 기대에 부응할 수 있다는 듯한, 그런 밝은 표정을 짓는 것이 중요합니다. 그렇게 하면 마음에 들지 않는 사람들이 주변에서 저절로 사라지게 됩니다. 미소가 모든 일을 좋은 방향으로 이끌어주기 때문입니다.

미소의 효과는 그것만이 아닙니다. 웃고 지내면 생각이 자연스레 긍정적인 쪽으로 흘러갑니다. 한번 시험해 보세요. 미소 짓는 얼굴로는 부정적인 생각을 할 수가 없습니다. 웃으면서 우울한 말을 늘어놓거나, 나쁜 생각을 할 수는 없는 법이니까요.

성공의 비결

미소가 몸에 배면 즐겁고 행복한 매일이 찾아듭니다. 나쁜 사람들이 주변에서 사라지고, 돈도 많이 벌리며, 언제나 밝은 생각으로 살게 되기 때문입니다. 사람이란 원래 즐거움을 위해 살아갑니다. 그러려고 일도 하고, 연애도 하는 것이지요.

즐거움을 목표로 삼으면 세상이 이전과 다르게 보입니다. 일단 즐겁게 일하는 법을 고민하게 됩니다. 만약 사장이라면 직원 전체의 즐거움을 배려하게 되지요. 분명 모두가 행복해질 것입니다.

열 명의 제자에게 가르쳐준 것도 별반 다르지 않습니다. 저는 사업하는 방법이 아니라, 즐겁게 사는 법을 알려주었습니다. 물론 그들도 제 주장을 금세 이해하진 못했습니다. 하지만 '즐거운 생활'을 시작하자마자 회사의 분위기가 달라졌습니다. 돈이 굴러 들어오기 시작한 것입니다. 제게 성공의 비결을 묻는다면, 이렇게 대답할 것입니다. '즐거운 생활'을 하기 위한 방법을 항상 진지하게 고민했다고요.

자존감의 힘

그렇다면 어떻게 해야 즐거운 생활을 누릴 수 있을까요? 일단 다른 이들의 '자존감'을 높여 주세요. 자존감이란 스스로가 소중한 존재임을 깨달았을 때 느끼는 감정입니다. 진심 어린 칭찬을 들을 때, 세상에 도움이 될 때 알게 되는 벅찬 행복이 바로 자존감입니다.

"자네 덕분에 우리 회사가 이렇게 발전할 수 있었네."

사장님에게 이런 말을 듣는다면 직원의 어깨가 얼마나 으쓱해질까요.

'나는 중요한 사람이구나. 이 회사에 꼭 필요한 인물이었어.'

이런 생각에 무척 기쁜 마음이 들 겁니다. 이럴 때 자존감이 충족됩니다. 이것과 형태는 다르지만, 좋은 차를 타거나 어엿한 집을 구입하는 것도 자존감을 충족하는 행동입니다. 아마도 사람은 자존감을 채우기 위해 살아가는 존재일지도 모르겠습니다.

고액 납세자

가끔 이런 사람이 있습니다. 자신의 자존감을 채우기 위해 타인의 자존감을 뭉개는 이들 말이지요. 남의 결점을 지적하면서 즐거움을 느끼는 사람이 바로 그런 부류입니다. 타인을 깎아내리고 낙담시키는 방법으로 에너지를 낭비하는 것만큼 한심한 짓은 없습니다. 남의 결점을 찾아내 그걸 큰 소리로 지적해 봤자 자신에게 좋은 점은 하나도 없으니까요.

성공하기 위해서는 '즐거운 생활'을 하도록 애쓰고, 그러기 위해서는 타인의 자존감을 높여 주라고 앞에서 언급했습니다. 즉, 타인에게 자존감을 부여해 주고, 그 과정이 즐겁다고 느끼는 태도가 중요합니다. 타인의 자존감을 만족시켜 주는 최고의 방법은 그 사람을 칭찬하는 것입니다. 뭐든 좋으니 아무튼 좋은 점을 찾아내 칭찬해 주세요. 무조건적인 칭찬이 가장 중요합니다. 그렇게 하면 상대방이 진심으로 기뻐합니다.

이때 상대가 기뻐할 수 없는 칭찬을 해서는 아무런 의미가 없습니다. 상대방을 기쁘게 하려면 우선 당신이 인정을 받아야 합니다. 칭찬을 받아서 기쁜 이유는 칭찬해 준 이가 내가 좋아하거나 존경할 만한 사람이기 때문이니까요. 싫어하는 사람에게 칭찬을 받았다고 해서 기뻐할 사람은 없습니다.

저는 지난 10년간 고액납세자 순위에 연속으로 이름을 올릴 수 있었습니다. 그 덕분에 다른 사람의 자존감을 훨씬 더 쉽게 만족시켜줄 수 있게 되었습니다. 예를 들어, 제가 함께 식사를 하는 것만으로 상대가 기뻐합니다. 이렇게 칭찬하기가 더 쉬워졌고, 상대방의 자존감도 더 쉽게 만족시켜줄 수 있게 되었답니다.

혼자만의 세상

여기서 한 가지 조심해야 할 점이 있습니다. 예를 들어, 당신이 성공하여 운전기사가 모는 벤츠를 타고 다닌다고 상상해 보세요. 이제 당신은 다른 이의 자존감을 높여 줄 수 있는 입장이겠지요?

"일을 참 잘하시네요."

이 짧은 말로도 충분할 것입니다. 당신의 그 말에 운전기사는 기뻐하겠지요. 다시 말해, 따뜻한 말 한 마디만으로 운전기사의 자존감을 간단히 충족시켜줄 수 있는 것입니다. 그런데 속으로 이런 생각을 하는 사람도 있습니다.

'벤츠를 타고 다닐 정도니, 난 정말 대단한 사람이야!'

이 사람은 자신의 자존감만을 중요하게 생각할 뿐입니다. 운전 기사도 이런 사람을 진심으로 존경하지 않을 것입니다. 따라서 아무리 칭찬해 보았자 운전기사는 결코 기뻐하지 않을 겁니다. 타인의 존경을 얻지 못하고 제 잘난 맛에 사는 이런 부류의 사람 은 결국 어떤 계기로 발목을 잡혀 고꾸라지는 경우가 왕왕 있습 니다.

마음의 크기

우리에겐 '마음'이라는 소중한 무언가가 있습니다. 이 마음은 대체 어느 정도의 크기일까요? 우리가 마음을 떠올릴 때 무한정 크고 넓은 것이라고 상상하기 쉽습니다. 그러나 그 마음도 우리 몸 안에 있는 것임을 잊지 마세요. 즉, 마음은 사람의 육체보다 크지 않습니다.

인간의 몸 안에는 심장, 허파, 간 등 다양한 장기가 있습니다. 마음도 그런 장기들과 마찬가지로 신체 내부에 있으므로 혼자 큰 공간을 차지할 수는 없겠지요. 그것으로 미루어볼 때 마음은 아마 컵 하나 정도의 크기일 것입니다. 그리고 마음이라는 컵 안에는 물이 들어 있습니다. 이 물을 인간의 마음 그 자체라고 생각해 보면 어떨까요?

그렇다면 성격이나 인간성은 아마 이 물에 의해 결정될 것입니다. 마음의 컵에 깨끗한 물을 담은 사람은 푸른 하늘처럼 상쾌한 인간성을 갖고 있겠지만, 뿌연 물을 담고 있는 사람은 마음이 어둡고 칙칙할 테니까요.

깨끗한 물과 혼탁한 물

사실 대부분의 사람들은 마음의 물이 깨끗한 채로 살아가지 못합니다. 자신이, 혹은 주변 사람들이 혼탁한 물을 컵 안에 자꾸 흘려 넣기 때문입니다. 혼탁한 물의 대표적인 예는 스스로를 탓하는 말입니다.

"나는 정말 한심해."
"뭘 해도 제대로 되는 게 없어."
"휴⋯, 난 왜 이렇게 돈이 없을까?"

다른 사람에게 듣는 말도 마찬가지입니다.

"넌 왜 그렇게 공부를 못하니?"
"또 중간에 포기하는구나. 넌 정말 한심해."

선생님이나 부모님이 내뱉는 이런 질책도 마음의 물을 점점 흐리게 만듭니다. 우리 마음의 컵에는 물이 가득 채워져 있습니다. 스스로를 향해 말하거나, 주변 사람들의 말을 귀에 담을 때 물방울이 하나씩 이 컵에 똑똑 떨어집니다. 그러다가 어느새 흘러넘치게 되지요. 이렇게 넘친 물은 표정, 태도, 말, 행동이 되어 그 사람의 성품으로 드러나게 됩니다.

컵의 물이 더럽다면 넘치는 물도 당연히 더러울 수밖에 없습니다. 이런 컵을 지녔다는 건 세상을 삐뚤게 바라보고 언제나 불평만 한다는 뜻이지요. 그러면 사업에 성공하거나 행복한 인생을 보낼 수가 없습니다.

마음의 컵이 더러운 물로 채워져 있는 동안에는 결코 행복해질 수 없습니다. 행복해지기 위해서는 이 더러운 물을 맑은 물로 바꿔야 합니다. 그러기 위해서는 어떻게 해야 할까요? 정답은 '맑은 물을 붓는 것'입니다. 수도꼭지에서 물을 한 방울씩 떨어뜨리는 것처럼 마음의 컵에 맑은 물을 조금씩 흘려 넣는 겁니다. 처음에는 어쩔 수 없이 더러운 물이 넘칠 겁니다. 하지만 맑은 물을 꾸준히 넣다 보면 어느새 컵의 물도 깨끗해질 것입니다. 그렇다면 맑고 청량한 물은 대체 어디서 오는 걸까요?

깨끗한 물을 붓고 싶다면

마음에 깨끗한 물을 붓고 싶다면 '말'의 힘을 믿어야 합니다. 아름다운 말을 하면 그 말이 깨끗한 물방울로 바뀌어 마음의 컵에 담기게 됩니다. 좋은 말을 계속하면 깨끗한 물을 계속 컵에 담을 수 있지요.

우리는 말의 힘을 간과한 채 살아가곤 합니다. 하지만 우리가 내뱉는 말 속에는 어마어마한 힘이 들어 있습니다. 평소에 별 생각 없이 입에 올리는 말이 한 사람의 인생을 결정지을 정도로요.
따라서 컵의 물을 맑게 하기 위해서는 자주 쓰는 말을 신중하게
골라야 합니다.

"쥐꼬리만 한 월급으로 대체 어떻게 살란 말이야?"
"돈이 없으니 갈 데도 없어."
"앞으로 어떻게 될지 너무 걱정이야."

이런 말을 자주 하면 아무리 시간이 흘러도 가난한 삶에서 벗
어날 수 없습니다. 긍정적인 말을 자주 해야 주머니에 돈이 들어
오는 법입니다. 부정적인 말은 마음의 물을 흐리게 할 뿐이지요.

'좋은 말을 자주 하면 행복해지고, 나쁜 말을 자주 하면 불행해
진다.'

이처럼 세상은 아주 단순하게 흘러갑니다.

걱정 본능

우리는 좋은 말, 즉 긍정적이고 아름다운 말을 쓰는 데 익숙하

지 않습니다. 이것은 뇌의 작용과 연관이 있습니다. 인간의 뇌는 본능적으로 걱정을 좋아합니다. 스스로를 지키는 데 유리하기 때문입니다.

"정리해고라도 당하면 큰일인데."
"우리 아이는 머리가 나빠서 벌써부터 장래가 걱정돼."

이렇게 하면 뜻밖의 일이 터졌을 때 어느 정도 충격을 줄일 수 있습니다. 하지만 이런 말을 반복하면 어느새 불행해집니다. 불안을 스스로 만들어 내고, 쓸데없이 고민하기 때문입니다. 마음을 괴롭히는 걱정의 말들은 더러운 물이 되어 컵 속에 똑똑 떨어집니다. 물은 계속 흐린 상태로 남게 되지요. 즉, 절대로 성공할 수도, 행복해질 수도 없다는 뜻입니다.

나는 참 행복해

"나는 참 행복해."

지금 당장 소리 내어 말해 보세요. 이 말이 컵 안에 떨어지는 맑은 물 한 방울이 됩니다. 입버릇처럼 소리 내어 말하다 보면 컵의 물은 점점 투명해지지요. 그리고 마침내 행복한 표정이 솟아나게 됩니다.

말은 에너지입니다. 입에서 나온 말은 에너지가 되어 하늘로 솟구쳐 우주로 날아가 별에 부딪친 후 다시 자신에게로 되돌아옵니다.

"나는 참 행복해."

이렇게 말하면 행복이 대답해줍니다.

"참 고마운 일이야."

그러면서 감사한 일이 나 자신에게 돌아오게 됩니다. 몇 배나 커진 상태로 말이지요. 연못에 돌을 던지면 동그라미가 점점 커지는 걸 볼 수 있습니다. 말도 마찬가지입니다. 한 개의 말이 만든 파문은 점점 커지고 반사되어 여러 가지 형태로 변한 후, 말을 했던 사람에게 다시 되돌아옵니다.

말을 꺼내야 할 때

"나는 참 행복해."

그럼 언제 이 말을 꺼내야 할까요? 사실 언제든 상관없습니다. 장소와 시간을 막론하고, 아무런 맥락도 없이 그저 이 말을 소리 내어 말하면 됩니다. 그냥 툭 하고 이렇게 말해 보세요.

"그러고 보니 난 참 행복하단 말이야."

가끔 이런 질문을 받을 때가 있습니다.

"쑥스러우니 혼자 있을 때 해도 될까요?"

그리 쑥스러워 할 필요는 없지만, 그렇게 부끄럽다면 혼자 있을 때 해도 좋습니다. 사실 혼자 있든 다른 이들 앞이든 별 상관없습니다. 행복하다는 말을 입 밖으로 꺼내는 것 자체가 중요합니다.

"나는 참 행복해."

이번 기회에 이 말을 아예 입버릇으로 만드는 건 어떨까요? 그러면 생각할 필요 없이 입 밖으로 툭 튀어나올 테니까요. 그 말을 하기 위해 억지로 노력하는 건 좋지 않습니다. 자연스레 내 안에서 샘솟아 밖으로 튀어나올 때 더 큰 효과가 있게 됩니다.

뇌의 작용

"나는 참 행복해."

이 말이 입버릇이 되면 재미있는 일이 일어납니다. 행복의 이유가 불쑥 튀어나오는 것이지요. 이것은 뇌의 작용과 관계가 있습니다. 인간의 뇌는 헛수고를 싫어합니다. 그래서 어떻게든 앞뒤 상황을 맞추려고 합니다. 따라서 행복하다는 말을 하면 그 이유를 찾기 시작합니다.

"오늘 날씨가 좋아서 난 참 행복해."

이렇게 말이죠. 참 속 편한 사람이라는 말을 주변에서 할지도 모릅니다. 하지만 신경 쓰지 말고 행복한 이유를 계속 말해 보세요. 이상한 사람이란 말을 들어도 절대 그만두면 안 됩니다.

"나는 참 행복해."

이 말의 반대쪽에 있는 것이 바로 '한숨'입니다. 한숨 속에는 꿈이 없습니다. 그래서 포기하고 절망하게 만듭니다. 자신도 모르게 한숨을 푹 내쉴 때가 있습니다. 그럴 땐 걱정하지 말고 행복하다는 말을 즉시 덧붙이세요.

"후…, 나는 참 행복해!"

이렇게 말이지요. 그러면 한숨의 나쁜 부분은 엷어지고 행복감은 두터워집니다. 우리는 행복하기 위해 살아갑니다. 그걸 방해하는 걸림돌은 모두 치워내야 합니다.

진정한 행복

저는 여행을 자주 다닙니다. 어떤 숙소에 묵든, 어떤 음식을 먹든 항상 행복합니다. 그런데 대다수의 사람들은 고급 호텔에 묵거나, 호화로운 음식을 맛볼 때에만 행복을 느끼는 것 같습니다. 저도 프랑스 요리 풀코스나 연회용 고급 요리를 먹을 때가 있긴 합니다. 그래 봤자 3년에 한 번 정도입니다. 평소에 즐겨

먹는 건 식당에서 나오는 꽁치구이 정식이나 튀김 요리이고, 여행지에서 묵는 곳은 민박입니다. 그래도 큰 행복을 느낀답니다.

어떤 일에서도 행복을 만끽하는 건 신이 제게 주신 가장 큰 선물이라고 생각합니다. 모든 것을 행복하다고 느낄 수 있으면, 단순한 것이야말로 오히려 행복에 가깝다는 사실을 점점 깨닫게 됩니다. 모두가 좋다는 것에 크게 신경 쓰지 않고, 소박하고 순수한 것에 마음이 끌리지요.

"와, 정말 대단하다!"

평소 생활 속에서 우리가 이런 말을 진심으로 외치게 되는 경우는 거의 없습니다. 대체로 삶이란 평범하고 단순한 날들로 이루어져 있습니다. 따라서 소박한 것에서 행복을 느낄 수 있어야 합니다. 저는 동네를 산책하는 것만으로도 행복을 느끼곤 합니다.

말과 행동

"나는 참 행복해."

이 말은 큰 힘을 갖고 있습니다. 그리고 그런 말이 또 있습니다.

"못할 것도 없지."

이 말도 입버릇으로 삼아 보세요. 거창한 말을 한다며 주변에서 눈총을 줄지도 모릅니다. 그럴 땐 머리를 긁적이며 이렇게 말해 보세요.

"그냥 말이 그렇다는 거죠, 하하."

하지만 결코 뜻을 꺾지는 마세요. 그렇게 꾸준히 말하다 보면 평소 행동이 달라집니다.

"이 일은 제가 하겠습니다."

이런 말이 자연스레 나오고, 긍정적인 사람으로 바뀌게 되거든요.

"자네, 그 일을 해 본 경험은 있나?"

상사가 혹시 묻는다면, 이렇게 대답하세요.

"경험이 없으니까 더욱 해 보고 싶습니다. 꼭 기회를 주십시오."

어느새 적극적으로 바뀐 자신의 모습을 발견하게 될 겁니다. 분명 이런 말도 듣게 되겠지요.

"요즘 많이 변했네."

말이 바뀌면 행동도 바뀝니다. 주변 사람들의 시선도 달라지게 마련이고요.

난 참 풍족해

성공한 인생을 누리려면 가까운 곳에 기회가 있어야 합니다. 기회도 없는데 성공을 바란다면 한낱 꿈으로 끝나버리겠지요. 기회가 필요할 때 소리 내어 말해 보세요.

"나는 참 행복해."

이 말에는 기회를 끌어당기는 힘이 있습니다. 그리고 기회가 찾아왔을 때 꼭 해야 하는 말이 이것입니다.

"못할 것도 없지."

이 말에는 기회를 붙잡는 힘이 있습니다. 그리고 한 가지 더 말해 보세요.

"난 참 풍족해."

이렇게 소리 내어 말하면 자신도 모르게 풍요로운 기분이 듭니다. 그리고 신기하게도 '풍부한 지혜'가 샘솟는 걸 느낄 수 있습니다. 풍부한 지혜란, 자신에게 다가오는 기회를 알아차리는 감각입니다.

"난 참 풍족해."

이 말을 자주 입 밖으로 꺼내 보세요. 부쩍 다가온 기회를 느낄 수 있을 겁니다.

마치 소원이 이루어진 것처럼

만약 내 집을 마련하고 싶다면 무엇부터 시작하면 좋을까요? 우선 이 말부터 해봅시다.

"나는 참 행복해."

그러면 얼마 후에 집을 마련할 기회가 반드시 찾아옵니다. 그 때 말해 보세요.

"못할 것도 없지."

그러면 확실하게 기회를 붙잡을 수 있습니다. 그런 다음 이 말을 소리 내어 하면, 집을 구하기 위한 '풍부한 지혜'가 샘솟습니다.

"난 참 풍족해."

이 말로 방법을 찾으면, 자연스레 집을 마련할 수 있게 됩니다.

"나는 참 행복해."

"못할 것도 없지."
"난 참 풍족해."

이 말을 반복하면 이윽고 바라던 집을 살 수 있습니다. 그때 당신의 입에서는 이런 말이 흘러나올 겁니다.

"멋진 집을 구했어. 참 고마운 일이야."

다들 이 말이 마지막에 나올 거라 생각하지만, 사실 저는 가장 처음에 하곤 합니다. 소원이 이루어졌다고 생각하며, 미리 말해 보는 겁니다.

"멋진 집이 생겼습니다. 정말 감사합니다."

이렇게 말이지요. 감사하다는 감정을 먼저 느끼면, 행복이 마음에서 흘러넘치게 됩니다. 그럴 때 자연스럽게 말해 보세요.

"나는 참 행복해."

말로 표현하는 행복

이 시점에서 '성공을 위한 혼잣말'을 한 가지 더 해 볼 차례입니다.

"정말 감사합니다."

집에 관한 예에서, 미리 느끼는 감사에 대해 이야기하였습니다. 소리 내어 이 말을 하다 보면, 재미있게도 감사해야 할 일들이 차례로 일어나게 됩니다. 그러니 미리 말해 보세요.

"정말 감사합니다."

여기서 모든 일이 시작되고, 어떤 일이든 잘 풀리게 됩니다.
회사에 다닌다면 사무실에서 이 말을 해 보는 것도 좋습니다. 그러면 자연스럽게 이런 생각이 떠오를 겁니다.

'이렇게 무더운 날 시원한 장소에서 일할 수 있다니, 난 참 행복해.'

이렇게 자꾸 생각하다 보면, 싫어하는 상사가 눈앞에 있어도,

업무가 술술 풀리지 않아도, 희한하게도 행복이 저절로 뒤따라오게 될 겁니다.

일천 번의 법칙

마음의 컵에 담긴 물을 깨끗하게 하려면 좋은 말을 반복해야 한다고 앞에서 이야기하였습니다. 바로 이 네 가지가 좋은 말의 대표적인 예입니다.

"정말 감사합니다."
"나는 참 행복해."
"못할 것도 없지."
"난 참 풍족해."

이런 말을 소리 내어 할 때 가장 중요한 것은 횟수입니다. 과연 몇 번이나 말해야 할까요? 바로 일천 번입니다. 예로부터 '천'이라는 숫자에는 신기한 힘이 깃들어 있다고 여겨져 왔습니다. 뭐든 좋으니 천 번을 꾸준히 하면 반드시 성공하는 법이지요. 일천 번의 법칙도 마찬가지입니다. 재미있게도 뭐든 천 번 실행하면 신이 힘을 빌려줍니다.

"나는 참 행복해."

이 말을 천 번 하면 자연스럽게 기회가 찾아옵니다. 그것도 깜짝 놀랄 만큼 절호의 기회가 말이지요.

저항의 크기

그런데 한 가지 기억해야 할 것이 있습니다. 기회가 눈앞에 다가온 것과 그 기회를 붙잡는 것은 전혀 다른 문제입니다. 기회를 확실하게 붙잡으려면 이 말을 해야 합니다.

"못할 것도 없지."

이 말을 소리 내어 천 번 하면 됩니다. "나는 참 행복해."라는 말을 하다 보면 머지않아 눈앞에 다양한 기회가 찾아듭니다. 하지만 그걸 내버려 두면 그대로 사라집니다.

"못할 것도 없지."

이 말을 되풀이하여, 기회를 꼭 붙들어야 합니다.

'혼잣말을 천 번이나 하면 이상한 사람으로 보이지 않을까?'

이런 생각이 들지도 모릅니다. 그래도 괜찮습니다. 나를 괴짜로 보는 주변 사람들의 시선은 일종의 '저항'이기 때문입니다. 비행기를 상상해 보세요. 그렇게 크고 무거운 물체가 어떻게 하늘을 날 수 있을까요? 그건 바로 저항 때문입니다. 공기 저항이 날개에 작용하면서 거대한 비행기를 공중으로 밀어 올리는 것이지요. 저항이 강할수록 비행기는 더 높이 올라갑니다. 사람도 마찬가지입니다. 저항을 견디며 한 걸음 더 내디디면 놀랄 정도로 높이 떠오릅니다. 하지만 뒤로 물러서면 결국 추락하고 맙니다.

"저 사람, 이상해."

좋은 말을 소리 내어 하는 당신에게 누군가가 이런 말을 할지도 모릅니다. 하지만 쑥스러워하지 마세요. 당신을 향한 말들이 저항이 되어 높이 날아오를 수 있게 도와줄 테니까요.

컵 안의 물

일본의 전설적인 가수 마쓰다 세이코는 아이돌 스타로 활약하

던 시절, 수많은 이들의 시샘을 받았습니다. 하지만 이러한 질투를 자양분 삼아 스스로를 크게 성장시켰습니다. 저항을 활용하여 하늘 높이 날아오른 것이지요.

주변의 시선 때문에 하고자 하는 일을 포기하면 안 됩니다. 시샘하고, 비웃고, 호기심 어린 눈으로 바라보아도 결코 신경 쓸 것 없습니다. 이러한 시선이 오히려 당신을 도와주는 힘이 되어 줄 테니까요.

"나는 참 행복해."

무슨 일이 있어도 이 말을 계속해 보세요. 흥미로운 건 얼마 지나지 않아 주변 사람들의 시선이 달라진다는 겁니다. 당신의 혼잣말은 주위 풍경의 일부가 되어 세상 속에 녹아들게 됩니다. 그렇게 되는 시기가 바로 '혼잣말'을 천 번 반복했을 때입니다.

마음의 컵을 한번 떠올려 보세요. '혼잣말'을 천 번 반복하면 컵 속의 물은 어느새 맑은 상태가 되어 있을 것입니다. 그리고 흘러넘치는 물도 무척 깨끗할 것이고요. 이것이 바로 일천 번의 법칙입니다.

이렇게 맑은 물로 컵을 채우면 이후에는 별 걱정 없이 깨끗함을 유지할 수 있습니다. 조금 더러워진다고 해도 걱정하지 마세요. 맑은 물을 몇 방울 다시 떨어뜨리는 것만으로 원래의 상태로 돌아갈 수 있으니까요.

노력하지 마세요

좋은 말을 소리 내어 말할 때, 꼭 유의해야 할 점이 있습니다. 바로, 노력해서는 안 된다는 것입니다.

"좋았어! 반드시 천 번을 소리 내어 말해야지."

이렇게 강하게 의식하면 안 됩니다. 스스로에게 압박을 가하는 행동은 금물입니다. 노력에 해당하는 행동은 절대 하지 마세요. 자신도 모르게 입 밖으로 혼잣말이 튀어나오는 것이 가장 이상적인 상태입니다. 의식해서 말하는 것은 별 도움이 되지 않습니다.

사실 일천 번의 법칙은 자연스러울 때 가장 효과가 큽니다. 조금만 생각하면 금세 이해할 수 있습니다. 몸과 마음을 자연스레 따르는 것이니 굳이 애쓸 필요가 없지요.

"절대로 노력하지 마세요."

저는 20년도 넘게 이 말을 해 오고 있습니다. 하지만 안타깝게도 대부분의 사람들이 이 말에 귀를 기울이지 않더군요. 아마도 그 이유는, 노력하지 않는다는 것을 편하게 돈을 번다는 뜻으로 받아들이기 때문일 겁니다.

"편하게 돈을 벌 수 있습니다."

대다수의 사람들은 이 말을 바람직하지 않은 태도라고 여기는 것 같습니다.

"행복해지기 위해서는 이마에 땀방울이 맺힐 정도로 열심히 노력해야만 해."

일반적으로 부에 대해 떠올릴 때 우리는 대부분 이렇게 말하곤 합니다.

노력과 성공의 관계

너무 단정 짓는 것처럼 보일지 모르지만, 노력하는 동안에는 절대 부자가 될 수 없습니다. 지금쯤이면 다들 알고 있을 겁니다. 부자가 되는 것을 포함해 행복을 위해 가장 중요한 것은 '혼잣말과 그 횟수'라는 것을요. 당신이 어떤 회사의 사장이라고 생각해봅시다. 만약 매출을 다섯 배 늘리고 싶다면 소리 내어 말하면 됩니다.

"매출을 다섯 배로 늘릴 거야!"

그리고 이 말을 천 번 반복하세요. 단, 주의해야 할 점이 있습니다.

"매출을 늘리려면, 다섯 배는 더 노력해야 해!"

이런 말은 절대 하지 말아야 한다는 것입니다. 일반적인 회사라면 이미 최선의 노력을 기울이고 있을 겁니다. 온갖 지혜를 짜내고, 직원들도 상당히 애쓰고 있는 상태일 테지요. 그런 상황에서 또다시 다섯 배나 더 노력하자니, 말도 안 되는 이야기입니다.

다섯 배 노력한다고 매출이 다섯 배 늘어나는 것도 아닙니다. 실제로 어느 회사가 다섯 배의 매출을 올렸다면, 그건 분명 다섯 배 편하게 지냈기 때문입니다. 우리는 보통 하루에 8시간 일을 합니다. 다섯 배로 돈을 벌려면 40시간이 필요합니다. 그런데 하루는 24시간뿐이니, 내일까지 해도 할 일을 다 마치지 못합니다. 불가능하다는 말이지요. 그런데도 잘못을 저지르는 사람들이 여전히 많습니다.

"다 함께 노력한 덕분에 매상이 크게 올랐습니다!"

이런 말로 직원들을 격려하는 사장님을 저는 많이 보았습니다. 사실은 편하게 지내서 성공한 것인데, 고생했기 때문이라고 미루어 짐작합니다. 성공한 사람들이 고생담을 꺼내는 것도 바로 이런 이유에서입니다. 다시 한 번 이야기하지만, 고생과 성공은 아무런 상관도 없습니다. 그런데 그 둘을 억지로 연결 지어 말하려니까 그릇된 견해가 세상에 널리 퍼지고 만 것입니다.

엄격한 스승 밑에서 얻어맞아가며 기술을 익힌 석공이 어느 날 갑자기 떼돈을 벌었다고 가정해 봅시다. 돈을 번 이유는 스승에게서 독립하여 조촐하게 일을 해나가다가, 돌을 두기 위해 거의 공짜나 다름없이 산 땅의 가격이 급상승해서였습니다. 누군가는 그 석공이 어려운 시간을 버텨낸 끝에 그런 큰돈을 벌었다고 우길지도 모릅니다. 힘든 수업과 땅값 상승은 아무런 연관도 없는데 말이지요.

잘못된 노력

성공한 인물의 대표적인 사례로 자주 언급되는 인물이 파나소닉의 설립자 마쓰시타 고노스케 회장입니다. 마쓰시타 고노스케는 초등학교밖에 졸업하지 못했는데 피나는 노력을 했기에 큰 성공을 거두었다고들 이야기합니다. 정말 그럴까요? 정작 마쓰시타 고노스케 본인은 이렇게 말합니다.

"제 노력은 전체 성공 중에서 고작 1% 정도에 불과합니다. 99%는 좋은 운과 훌륭한 직원들과의 만남, 그리고 멋진 아이디어를 얻을 수 있었던 덕분입니다."

마쓰시타 고노스케가 그런 위인이 된 것도 노력과 성공이 아무런 상관도 없음을 잘 알고 있었기 때문입니다. 그래서 큰 성과를 거둘 수 있었던 것이지요. 노력이라는 것은 하기 싫은 일을 억지로 하는 것입니다. 하기 싫은 일을 하는 사람이 행복할 리가 없지요. 이런 잘못된 노력을 하면 인간은 불행해집니다. 행복과 노력 사이에는 아무런 관계도 없습니다. 오히려 잘못된 노력은 불행으로 다가가는 지름길입니다.

노력의 부작용

'이 세상'과 '저 세상'의 차이에 대해 생각해 봅시다. '저 세상'에서는 내가 돈가스 덮밥을 먹고 싶다고 생각만 해도 눈앞에 원하는 것이 즉시 나타납니다. 원하는 것을 소리 내어 말하면 바로 이루어지지요. 왜냐하면 '저 세상'은 영혼의 세계, 상념의 세계이기 때문입니다. 그런데 우리가 사는 '이 세상'은 물질의 세계이자 3차원의 세계입니다. 즉, 아무리 소원을 말해 봤자 결코 이루어지지 않지요. 바라는 것을 이루려면 행동해야 합니다.

그럼 어떤 행동을 하면 좋을까요? 바로 여기서 많은 사람들이 '노력'을 떠올립니다. 하지만 노력을 바탕으로 한 행동에는 반드시 무리가 따르게 마련입니다. 반대로 자연스러운 행동을 할 때는 부담스럽다는 느낌이 들지 않습니다. 게임을 한번 떠올려 보세요. 게임을 하는 사람은 결코 고생스러워하지 않습니다.

"아, 게임을 하고 싶다."

그저 이렇게 말하는 것만으로 별다른 노력 없이 자연스럽게 게임의 세계로 들어갑니다. 다른 일들도 마찬가지입니다.

말의 강력한 힘

병에 걸린 환자에게도 똑같은 원리를 적용할 수 있습니다. 회복하고 싶다면 이렇게 소리 내어 말하면 됩니다.

"나는 참 건강해."

흥미로운 것은, 이 말을 소리 내어 말한 횟수가 천 번을 넘어가면 깜짝 놀랄 정도로 건강이 좋아진다는 것입니다. 단, 절대 노력하면 안 됩니다. 소리 내어 말하는 것 자체는 어느 정도 의식해도 상관없습니다. 하지만 무리하거나 노력하는 건 금물입니다. 애를 쓰거나 기합을 넣지 말고 즐겁게 습관으로 삼는 것이 중요합니다.

저의 유일한 취미로 '관음참배'라는 수행이 있습니다. 서른 세 곳의 장소를 찾아다니며 소원을 이야기하는 것입니다. 그렇다면, 왜 소리 내어 소원을 말해야 할까요? 그건 관음보살이 소리를 듣고 소원을 이루어주기 때문입니다. 사실 이 관음참배는 아주 엄격한 수행입니다. 그런데 오랜 시간 걷다 보면 몸이 지치면서 이완이 됩니다. 그러면서 자신의 말이 잠재의식 속으로 스며들지요. 내 안에 있는 '진정한 자신'을 이해할 수 있게 되는 것입니다.

이 경지까지 도달하면, 인간의 소원은 자연스럽게 이루어집니다. 중요한 것은 입 밖으로 소리 내어 말해야 한다는 것입니다. 머릿속으로 생각만 해서는 아무런 효과도 없습니다. 특히 다른 이들 앞에서 소리 내어 말하는 게 더욱 좋습니다. 사람들 앞에서 말할 수 없는 소원은 바라지 않는 편이 좋을 겁니다. 원망이나 남에 대한 험담 또한 천 번을 말해도 소용없습니다. 그런 말은 더러운 물과 같습니다. 마음의 컵이 혼탁해지니 절대 하지 마세요.

우주의 법칙

성공하거나 행복해지고 싶어서 노력하게 되는 건 성공한 인물의 방법을 흉내 내려는 마음 때문입니다. 성공한 사람들은 흔히 말합니다.

"열심히 노력한 끝에 성공을 이룰 수 있었습니다."

하지만 이것은 진실이 아닙니다. 이런 착각에 사로잡혀 남들에게도 그렇게 말하니 오해가 점점 퍼져나가고 만 것이지요. 성공하기 위해서는 노력하면 안 된다고 앞서 말했습니다. 그 말을 바꿔 설명하면 이런 뜻이 됩니다.

"성공하고 싶으면 신의 뜻을 따르세요."

자칫 종교적인 느낌이 들 수도 있습니다. 하지만 결코 그런 의미가 아닙니다. 이 세상에는 '우주의 법칙'이 있고, 우주 만물은 이 법칙에 따라 움직이고 있다는 뜻입니다. 이 세상에는 절대적인 존재가 있습니다. 저는 이 존재를 신이라고 부릅니다. 우주의 법칙은 신이 만든 규칙이라, 그에 따라 행동하면 누구든 행복해지고, 누구든 성공할 수 있습니다. 반대로 우주의 법칙에서 벗어나는 행동을 하면 금세 불행이 찾아옵니다.

홍수나 가뭄 등 천재지변은 결코 신이 내린 것이 아닙니다. 앞일을 고려하지 못한 인간이 범한 어리석은 실수지요. 신이 우리에게 준 것은 물과 공기, 푸른 숲과 산처럼 보답을 바라지 않는 창조물입니다. 즉, 인간은 신의 영역 안에서 신에 의해 살아가는 존재입니다. 잊지 마세요. 우리가 뭔가를 하려고 들어도, 결국 신이 이끌어주기에 가능한 것이랍니다.

쓸모없는 고생담

제가 이 우주의 법칙을 알게 된 건 아주 어릴 때의 일입니다. 특별한 계기는 없습니다. 어느 날 갑자기 문득 이해가 되었습니다. 깨달았다고 해서 뭔가가 바뀐 것은 아니었기에 가족들 중 누구도 제 변화를 알아차리지 못했습니다. 다만 세상을 보는 저의 눈이 달라진 것이었지요.

우선, 고생담을 털어놓는 어른들을 믿을 수 없게 되었습니다. 그분들의 이야기가 성공과 관계없이 뒤죽박죽 섞여있음을 알아차린 겁니다. 고생은 대부분 계속된 실패의 과정에서 나타났고, 일이 잘 풀릴 땐 정말 간단하게 성공을 이루었습니다.

이렇게 실패와 성공은 아무런 연관이 없습니다. 실패했으니까 고생한 것이고, 일이 잘 풀렸기 때문에 성공했을 뿐입니다. 성공과 실패를 억지로 연결 지어서는 안 되는 이유입니다. 실패는 아무리 긁어모아도 그저 실패일 뿐입니다. 그러니 떠올리지 않는 것이 좋습니다.

"나는 결국 실패했어."

자꾸 이런 생각을 하면 아무리 밝게 행동하려 해도 마음이 저절로 어두워집니다.

실패는 작은 성공

실패한 경험을 떠올리면 자신도 모르게 두려워집니다. 그러니 좋은 아이디어도 떠오르지 않지요. 그러면 다시 실패하고 맙니다. 늪에 빠져드는 것입니다. 이런 상황에서 벗어나려면 실패를 '작은 성공'으로 바라보는 것이 좋습니다.

필라멘트 재료를 찾기 위해 에디슨은 실험을 반복했습니다. 수천 번의 실패 끝에 마침내 성공할 수 있었지요. 좌절하지 않은 이유를 묻자 에디슨이 대답했습니다.

"저는 한 번도 실패한 적이 없습니다. 필라멘트에 적합하지 않은 물질을 수차례 발견했을 뿐입니다."

에디슨은 수많은 실패에 절망하지 않았습니다. 실패를 오히려 작은 성공으로 여겼습니다. 상식을 뒤집는 그의 발상이 전구의 상용화라는 큰 성공으로 이어진 것입니다. 어떤 일에서 성공하고자 할 때, 특별한 재능이나 남들 이상의 노력은 필요 없습니다. 우주의 법칙만 잘 따르면 충분합니다.

법칙의 예외

그런데 우주의 법칙이 통용되지 않는 분야가 있습니다. 바로 스포츠의 세계입니다. 스포츠를 잘 해내기 위해서는 타고난 재능과 근성이 필요합니다. 라이벌을 이기고 승리를 거머쥐려면 누구보다 많은 노력을 해야 하지요. 시간과 정성을 쏟아 세계 최고가 되려는 사람들에게 노력이 필요 없다고 말한다면 아마 혼이 날 겁니다. 절대 제 말을 이해하지 못하겠지요.

사실 스포츠는 경쟁을 조건으로 인간이 만들어 낸 놀이입니다. 그러다 보니 1밀리미터나 0.01초를 두고 치열한 경쟁을 벌입니다. 하지만 사업을 할 땐 그런 작은 단위의 경쟁은 존재하지 않습니다. 매출이 갑자기 다섯 배, 열 배가 되는 일도 흔하고, 심지어 백 배가 되어도 놀랍지 않습니다. 무엇보다 스포츠 안에서는 절대적인 한계가 존재합니다. 맨몸으로 100미터를 5초 만에 달리는 일은 아직까지 불가능하니까요.

공부와 스포츠

반면에 사업의 세상에서는 별별 일이 다 일어날 수 있습니다. 100미터를 5초 안에 달리고자 한다면 스포츠카를 타면 될 일이니까요. 세계 기록보다 백 배쯤 멀리 쇠공을 던져도 누구도 뭐라

하지 않습니다. 오히려 그 무거운 공을 왜 굳이 던지려 노력하는지 궁금해 할지도 모르지요.

사업의 세계에서 매출을 열 배로 늘리는 일은 스포츠의 세계에서 100미터를 1초 만에 달리는 것과 비슷한 일입니다. 하지만 스포츠를 할 때는 불가능한 일이 사업을 할 땐 가능해집니다. 노력이나 근성과는 전혀 관계가 없는 방식으로 말이지요.

어린이를 제대로 키우려면 학교에서 공부나 스포츠를 가르치지 않는 게 좋을지도 모릅니다. 공부나 스포츠를 익히면 자신도 모르는 사이에 노력과 근성이 몸에 배게 되니까요. 어릴 때 몸에 밴 습관은 어른이 되어서도 쉽게 고쳐지지 않습니다.

즐거운 아이디어

어른이 되어 사회에 나가 보면 누구나 깨닫게 됩니다. 아무리 애를 쓰고 기합을 넣어도 훌륭한 아이디어가 떠오르지 않는다는 것을요. 매일 즐겁게 생활하다가 문득 떠오르는 아이디어야말로 사업의 세계에서 가장 중요한 무기가 됩니다. 정말로 사업에 필요한 지혜는 어느 날 갑자기 찾아오는 법입니다.

성실한 사람은 언제나 열심히 연구에 임합니다. 고생도 마다하지 않지요. 하지만 정말 멋진 아이디어는 순간적인 번뜩임에서 얻을 수 있습니다. 가장 좋은 것은 편안한 상태에서 즐겁게 지낼 때 떠오르는 생각입니다. 이런 아이디어는 즐거움을 함께 느낄 수 있게 해 줍니다.

하지만 괴로운 상황에서 떠올린 아이디어는 아무리 훌륭해도 결국 괴로움밖에 안겨주지 않습니다. 근성을 부정하는 게 아닙니다. 노력을 필요로 하는 세계도 있지요. 스포츠가 바로 그런 분야입니다. 하지만 사업의 세계에서 근성은 걸림돌이 될 뿐입니다.

하나.

세상은 단순합니다. 복잡하게 생각해서는 안 됩니다. 돈과 건강한 몸, 다정하고 풍요로운 마음이 있으면 모든 것이 이루어집니다.

둘.

돈이 없으면 마음에 들지 않는 사람에게 머리를 숙여야 합니다. 하지만 그런 상황에서도 미소를 잃어서는 안 됩니다. 진심 어린 미소를 짓다 보면 나쁜 사람과 저절로 멀어집니다.

셋.

타인의 자존감을 높여 주면 나의 인생이 반짝이게 됩니다. 많이 칭찬하세요. 모두의 인생이 한층 풍요로워집니다.

넷.

마음의 크기는 컵 한 잔 정도입니다. 아름다운 말로 컵 안에 깨끗한 물을 담아 보세요. 반드시 행복한 인생을 누리게 됩니다.

다섯.

"정말 감사합니다." "나는 참 행복해." "못할 것도 없지." "난 참 풍족해." 이런 긍정적인 말을 입버릇으로 삼아 보세요. 일천 번의 법칙이 당신의 마음을 깜짝 놀랄 정도로 아름답게 해 줄 겁니다.

여섯.

노력하면 부자가 될 수 없습니다. 억지로 하는 노력은 오히려 불행을 가져옵니다.

Chapter 2

운의 법칙

신이 준 선물

현재 일본은 불황의 늪에 빠져 있습니다. 1990년대 초반, 버블 붕괴 이후부터 이어진 경기 침체에서 여전히 벗어나지 못하고 있지요. 다들 버블이 모든 일의 원흉이라고 말을 합니다. 하지만 버블이 그렇게 나쁜 것일까요?

돈이 벌리는 곳에 기업이 모여드는 법입니다. 그러면 자연스레 땅값이 오릅니다. 땅값 상승으로 버블이 생겨나고, 주식 가격이 따라 오르지요. 사실 이러한 버블 상태는 지속되어야 했습니다. 저는 이것이 일본에게 주어진 신의 선물이었다고 생각합니다.

그런데 당시 일본인들은 이 부풀어 오른 경기에 찬물을 끼얹었습니다. 땅값에 비정상적일 정도로 세금을 매기고, 주식을 사도 당연하다는 듯 엄청난 세금을 부과했습니다. 즉, 땀 흘려 벌어들인 월급만 옳은 것으로 인정했던 것입니다. 그럼 토지나 주식 값이 상승해서 돈을 벌면 안 되는 걸까요? 경기가 좋아져서 기뻐하면 잘못된 걸까요?

제가 보기에 땀 흘려 번 돈 이외에는 인정할 수 없다는 암묵적인 규칙이 생겨난 것 같습니다. 다시 말해, 편하게 돈을 번 사람에 대한 질투심이 이런 상황을 만들었던 것이지요. 질투는 사람을 빈곤하게 만듭니다. 누구든 자신만 풍족하게 지내고 싶어 하기 때문입니다.

일본의 버블은 신이 만들었고, 그 버블을 터뜨린 건 인간입니다. 신이 모처럼 준 선물을 인간이 제멋대로 내던진 것입니다. 그렇게 해놓고 인간은 '힘들다'고 말합니다. 참 이상한 이야기가 아닐 수 없습니다.

미래는 항상 멋지다

하지만 경기가 나빠진다고 해도 세상에 '힘든' 일은 별로 발생하지 않습니다. 모든 사람에게 있어 미래란 반드시 밝은 법이니까요. 비관적인 사람이 아무리 어두운 이야기를 만들어 내도 미래는 밝게 빛날 뿐입니다.

예를 들면 석유가 그렇습니다. 언젠가 고갈될 것이라고 다들 말합니다. 그런데 그게 정말 불행한 일일까요? 석유가 사라지면 아마도 자동차는 수소를 원료로 달릴 겁니다. 바깥으로 배출되는 것은 배기가스가 아닌 물이겠지요. 분명 지구 환경에 도움이 될 것입니다.

역사를 되돌아보면, 대부분의 나라가 과거에 비해 훨씬 상황이 나아졌습니다. 일본도 마찬가지입니다. 150년 전만 해도 조와 피 같은 곡물로 연명을 했습니다. 지금이 그때보다 행복한 세상이 되었으니, 앞으로 150년 후에는 더 좋은 삶이 찾아올 겁니다.

"나는 참 행복해."

이 말을 소리 내어 말할 때, 우리는 오늘의 행복을 떠올립니다. 오늘이 행복하다는 건 내일도 행복할 것이라는 뜻이지요. 그러니 우리는 항상 행복할 수 있습니다.

힘들게 시작하면

그렇다면 불행을 예상하며 사는 사람들은 어떤 행동을 할까요? 아마 땅이나 주식을 살 겁니다. 뭔가 큰일이 일어날 것에 대비하여 미리 투자를 하겠지요. 돈을 모아두지 않으면 불안하기 때문입니다. 돈을 넉넉하게 보유하지 않으면 고통스러운 상황이 닥칠 것이라는 두려움이 부동산이나 주식에 대한 투자를 부추기는 것입니다.

그런데 여기서부터 이상한 상황이 발생합니다. 무슨 일이 생길까봐 부동산을 구입한 사람들은 땅값 하락으로 힘들어합니다. 돈을 잔뜩 모아둔 사람들은 세금 폭탄을 맞거나 사기를 당하는 등 어려운 일을 겪습니다. 중병에 걸려서 애써 모은 재산이 치료비로 사라지기도 합니다. '힘들게' 시작한 일은 아무리 상황이 잘 돌아가도 결국 힘든 상황으로 끝을 맺습니다. 이것 역시 우주의 법칙이지요.

버블을 부풀린 두려움

일본의 버블 경기를 초래한 것은 '두려움'입니다. 호경기에 들떠 버블이 부풀어 오른 게 아니라는 뜻입니다.

"이 행복도 언젠간 물거품처럼 사라지지 않을까?"

이런 두려움이 버블을 키웠습니다. 범죄도 마찬가지입니다. 범죄자의 자질이 일을 만드는 게 아닙니다. 뭔가를 두려워하고, 그 불안감을 해소하기 위해 범죄에 손을 대고 마는 것이지요.

버블이 터지고 빚만 남았을 때, 정부는 빚의 변제를 최우선 과제로 삼아야 했습니다. 그런데 다른 방면에 더 많은 돈을 쏟아부었습니다. 버블은 나라 전체가 두려움에 사로잡혀 일으킨 비정상적인 행동입니다. 그때 정부는 행정 개혁부터 해야 했지만, 아무런 조치도 취하지 않았습니다. 그래서 지금 불황의 늪에 빠진 것입니다.

'두려움'이라는 돌이 연못에 떨어져 파문이 커지고, 어느 틈에 감당할 수 없는 요동이 된 것이 일본의 현재 모습입니다. 저는 '힘든 일'이 하나도 없었기 때문에 버블 때도 땅이나 주식을 살 필요가 없었습니다.

결과만 놓고 보면 무슨 말인들 못하겠냐고 할 수도 있습니다. 하지만 "나는 참 행복해."를 입버릇으로 삼으면 힘든 일은 절대 일어나지 않는답니다.

운이 좋아지려면

저는 아주 행복합니다. 힘들지 않기 때문이지요. 그래서 내일을 걱정하지 않습니다. 물론 염려되는 일이 생길 때도 있습니다. 하지만 걱정거리가 있어도 괜찮습니다. 그럴 수밖에 없는 건 제가 아주 운이 좋기 때문입니다. 운이 좋으니까 곤란한 일에 빠지지 않을 자신이 있습니다.

제 학력은 중학교 졸업이 전부입니다. 학교 성적도 좋지 않았지요. 제 주변에는 머리 좋은 사람이나 최선을 다해 노력하는 사람, 재능이 풍부한 사람이 많았습니다. 하지만 지금 저는 그들을 제치고 수천억의 재산을 가진 부자가 되었습니다. 이건 운이 좋으니까 생기는 기적입니다. 아무리 공부를 잘하고 재능이 뛰어나도 운 좋은 사람을 이길 수는 없습니다. 가장 중요한 건 생각입니다.

'운이 좋으니까 이런 기적이 일어났구나.'

이러한 생각을 가져야 합니다.

'나는 참 운이 좋아.'

이렇게 마음을 먹으면 운이 저절로 찾아오기 때문에 어지간한 목표는 쉽게 달성할 수 있습니다. 다른 예도 있습니다. 거리를 걷다가 벽돌이 떨어져 발끝에 맞았다고 가정해 봅시다.

'아, 나는 왜 이렇게 운이 없지?'

이런 식으로 생각하면 안 됩니다.

'난 참 운이 좋아. 만약 머리에 맞았더라면 큰일 났을 텐데.'

이렇게 생각하는 게 정답입니다. 이렇게 마음먹을 줄 아는 사람은 앞으로 운이 점점 좋아지겠지요.

운의 파동

어느 날 제 친구가 보석으로 만든 아주 값비싼 염주를 잃어버렸습니다. 그런데도 제 친구는 이렇게 생각했습니다.

'나한테 올 액운을 막아주느라 그 염주가 없어진 거겠지. 난 정말 운이 좋아.'

그리고 얼마 후, 아주 일이 잘 풀려서 큰 성공을 거두었습니다. 저도 비슷한 경험을 했습니다. 중학교를 졸업한 뒤 트럭 운전사의 조수로 일할 때였습니다. 몹시 추운 날, 무거운 짐을 옮기는데 비가 내렸습니다. 비에 쫄딱 젖어 감기에 걸린 데다 허리까지 몹시 아팠습니다. 생전 처음 겪는 고통에 힘들어하다가 문득 깨달았습니다.

'그래, 이렇게 괴로운 경험을 했으니 앞으론 무서운 일이 더는 없을 거야. 난 참 운이 좋아.'

그날을 경계로 저에게는 운 좋은 일만 일어나기 시작했습니다. 운 좋은 사람에겐 좋은 일만 일어나고, 운 나쁜 사람에게는 늘 안 좋은 일만 일어납니다.

회사나 아내에 대해 언제나 불평불만을 일삼는 사람이 있었습니다. 그러던 어느 날 아내가 도망가고, 다음 날 회사가 도산했다는 이야기가 전해집니다.

운 좋은 사람이 되려면 운 좋은 사람과 사귀어야 합니다. 운 좋은 사람에게는 '운의 파동'이 나오기 때문입니다. 만약 자신이 운 좋은 사람이라면, 운의 파동을 주고받아 더 큰 운을 불러오게 됩니다.

도약의 기회

사람들의 눈에는 난관으로 보여도 제게는 그렇지 않은 때가 많습니다. 때론 그 어려움이 빛나는 보물이 되어 주기도 하지요. 겉으로는 힘들어 보일 수도 있지만, 사실 그건 신의 선물일지 모릅니다. 실제로 그런 일을 몇 번이나 겪었습니다. 난관이 오히려 도약의 기회가 되는 경우를요.

예를 들어 아주 우수한 직원이 있고, 회사에 없어서는 안 될 존재라고 해 봅시다. 어느 날 그 직원이 회사를 그만두겠다고 말합니다. 사장이 평범한 사람이라면 큰일이라며 머리를 싸매겠지요. 하지만 제 경우엔 전혀 고민하지 않습니다. 더 우수한 직원이 올 것을 알고 있으니까요. 능력 있는 직원이 회사를 떠나도, 반드시 다른 인재가 찾아옵니다.

"그걸 어떻게 알지? 왜 그렇게 단언하는지 모르겠네."

누군가는 이렇게 말할지도 모릅니다. 하지만 걱정할 필요가 없습니다. 지금까지 그래왔던 것처럼, 앞으로도 우수한 인재가 계속 찾아올 테니까요.

영혼의 수준이 한 단계 올라갈 때

　겉으론 힘들어 보여도 사실은 고난이 아닌 일은 신이 내린 선물과 같다고 앞서 이야기했습니다. 이에 관해 좀 더 설명이 필요할지도 모르겠네요. 원래부터 인간에겐 힘든 일은 일어나지 않는 법입니다.

　"힘든 일은 일어나지 않는다. 힘든 것처럼 보일지라도 사실은 전혀 그렇지 않다."

　이 사실을 깨닫는 자체가 바로 신의 선물입니다. 이 선물을 받은 사람은 예외 없이 영혼의 수준이 올라갑니다. 그리고 행복의 길을 향해 나아가지요. 영혼의 단계는 사람마다 다릅니다. 일어나는 문제도 나와 다른 사람이 서로 다르지요. 기억해야 할 건 내게 생긴 문제는 영혼의 성장을 위해 신이 내린 선물이라는 것입니다.

　제 경우엔 세무서 직원들이 그렇습니다. 신의 선물을 배달해주는 이들이니 언제나 기쁘게 맞이합니다. 사람이라면 모두들 각자의 문제를 안고 살아갑니다. 그러니 이런 생각은 할 필요가 없습니다.

'왜 내게만 이렇게 고통스러운 일이 일어날까?'

한번 생각해 봅시다. 지금 마주한 문제가 당신을 정말로 괴롭히고 있는지. 곰곰이 한번 따져 봐야 합니다. 신은 결코 당신을 힘들게 하지 않습니다. 그런데도 괴롭다면 신이 이렇게 말하는 것입니다.

"지금 선택한 방법이 잘못되었구나."

중요한 것은 신의 목소리를 알아차릴 수 있는가 하는 것입니다. 이렇게 힘든 일 따위는 절대 일어나지 않음을 알게 되었을 때야말로 영혼의 수준이 한 단계 올라가 행복에 가까워지는 시점입니다.

부부의 숙명

흔히 비슷한 사람끼리 부부가 된다고들 합니다. 하지만 부부란 세상에서 가장 다른 두 존재의 만남입니다. 비슷한 점이 하나도 없기에, 원래는 매력을 느낄 일도 없습니다. 그런데 신이 잠깐 사이를 좋게 만들어 결혼까지 한 것입니다. 이 또한 신의 선물이지요.

그런데 시간이 흘러 판단력이 돌아오면 상대의 단점이 보이기 시작합니다. 싫어하는 면이 특히 더 두드러져 보이지요. 게으른 걸 질색하는데 남편이 딱 그렇다거나, 속 좁은 걸 싫어하는데 아내가 잔소리꾼일 수도 있습니다.

'대체 이 사람과 왜 결혼한 거지?'

내심 후회가 되기도 합니다. 하지만 이것도 결코 힘든 상황이 아닙니다. 부부란 신이 서로에게 준 선물이기 때문입니다. 그러니 상대를 바꾸려 들지 마세요. 취향대로 움직여주길 바라서도 안 됩니다. 뭔가를 기대하며 상대를 변화시키려 드는 것은 세상에서 가장 고통스러운 일입니다. 가장 좋은 것은 서로의 차이를 '힘들다'고 여기지 않는 것입니다.

'있는 그대로 이 사람을 사랑해 보자. 이 사람을 위해 뭔가 해줄 수 있는 게 없을까?'

이렇게 생각하면 이제까지의 고민이 단번에 사라집니다. 그리고 영혼의 단계가 올라갑니다. 상대방을 바꿀 수는 없습니다. 바꿀 수 있는 건 오직 당신 자신뿐이지요.

200세까지 건강하게

누구나 수명이 다하면 죽게 됩니다. 그리고 천국에 갑니다. 천국은 이 세상을 행복하게 산 사람이 가는 곳입니다. 운 좋은 인생을 산 사람은 천국에 갈 수 있습니다. 그럼 인간의 수명은 어떻게 정해질까요?

대부분 스스로의 수명을 85세 정도로 생각할 겁니다. 언론에 발표되는 평균수명을 보고 그렇게 예상하는 것이지요. 그런데 제가 어릴 때만 해도 '인생은 50년'이라고들 했습니다. 40년이 지난 지금 기대수명이 무려 두 배가 되었습니다. 그렇다면 앞으로의 평균수명이 다시 두 배가 되어도 전혀 이상할 게 없습니다. 그래서 저는 200세까지 건강하게 살 것이라고 스스로 생각합니다.

"무슨 말도 안 되는 소리지?"

이렇게 비웃을지도 모릅니다. 하지만 저는 정말로 그렇게 믿고 있습니다. 설령 그러지 못하더라도 200세를 바라보며 산다면 분명 좋은 결과가 있을 것입니다. 자신의 죽음을 너무 가까이 두면 자꾸 부정적인 생각이 들고 우울해지기 쉽습니다. 기왕이면 아주 먼 훗날에 죽음이 있을 거라고 여기는 게 어떨까요. 삶이 크게 달라질 겁니다.

인간은 죽음의 순간에 이르렀을 때 비로소 수명을 다하게 됩니다. 나이가 들어 평온하게 죽든, 병으로 사망하든, 교통사고로 허망하게 떠나든 마찬가지입니다. 90세에 죽었다고 충분히 산 것은 아니며, 30세에 암으로 사망했다고 불쌍한 것도 아닙니다. 아무리 슬퍼해도 죽음은 죽음입니다. 인간의 죽음을 있는 그대로 받아들이는 것이야말로 '삶'이라고 저는 생각합니다.

조금 큰 목소리

성공하기 위한 조건에는 '목소리'도 포함됩니다. '말'을 소리로 전달하는 중요한 역할을 하기 때문입니다. 일단 목소리가 작은 사람은 성공할 수 없습니다. 모기처럼 작은 소리로 소곤소곤 이야기하는 사람이 성공했다는 건 들어본 적이 없습니다. 큰 업적을 쌓은 회사의 사장은 대부분 목소리가 큽니다.

무조건 목청을 높이라는 것이 아닙니다. 성공하는 사람들은 공통적으로 목소리가 조금 크다는 의미입니다. 목소리의 크기 다음으로 중요한 것은 '말의 질'입니다. 말에는 수많은 의미가 담겨 있습니다. 상황에 따라 사용법이 달라지지요. 주의해야 할 점은 부정적인 말은 쓰지 않아야 한다는 것입니다.

"난 다른 사람과의 대화에 서툴러."
"나는 왜 이렇게 돈이 없는 거야?"

이런 말을 해서는 안 됩니다. 대화가 서툴다고 말해 봤자 소극적인 성격은 고쳐지지 않고, 돈이 없다고 말해 본들 지폐가 손에 들어올 리 없으니까요. 이런 식으로 말해서는 운이 좋은 사람이 다가오질 않습니다. 여기서 중요한 점은 자신의 서투른 점을 억지로 고치려 들면 안 된다는 것입니다.

자연스럽게 적극적인 사람이 되는 법

스스로를 탓하거나 억지로 바꾸려고 애쓰는 대신 이렇게 한번 말해 보세요.

"못할 것도 없지."

꼭 소리 내어 말해야 합니다. 처음엔 어색한 기분이 들지도 모르지만, 그렇게 소리 내어 말하는 것만으로 한층 적극적이 될 수 있습니다. 매일 하다 보면 억지로 노력하지 않아도 자연스럽게 자신을 바꿀 수 있습니다. 돈이 없어서 가난한 사람이라면 소리 내어 이 말을 해 보세요.

"나는 참 행복해."
"난 참 풍족해."

그러면 자연스럽게 주변 사람들의 인식이 바뀝니다.

"이 사람은 풍요롭고 행복한 모양이구나. 같이 밥이라도 먹을까."

이런 마음이 들게 되지요.

"난 운이 없어."
"가방끈이 짧아서 뭘 해도 안 될 거야."

이런 말은 좋은 관계를 달아나게 만듭니다. 부정적인 사람과

가까워지고 싶어 할 리 없으니까요.

암을 고치는 말

"나는 참 행복해."

만약 병을 앓고 있다면 이 말을 소리 내어 말해 보세요.

'아픈 몸인데도 신이 지금껏 잘 살게 해주었어. 나는 참 행복해.'

이런 생각을 하는 것이야말로 최종적으로 행복과 이어지는 길입니다. 만약 암에 걸렸다면 이렇게 생각해 보세요.

'암에 걸렸는데도 나는 아직 살아 있어. 이것보다 행복한 일이 또 있을까?'

그리고 "나는 참 행복해."라고 소리 내어 말해 보세요.

'신은 나를 살게 하고 있어. 정말 감사한 일이야.'

이렇게 생각하며 "감사합니다."라는 말을 입 밖으로 꺼내 보세요. 깜짝 놀랄 만큼 커다란 기적이 일어납니다.

"나는 왜 이렇게 불행한 걸까?"

실수로라도 이렇게 말하면 안 됩니다. 이런 말이 입에서 나오는 순간, 몇 배나 큰 불행이 되어 돌아오기 때문입니다. 아키타에 사는 제 친구는 암으로 장기를 대부분 들어낼 정도로 상태가 좋지 않았습니다. 그런데 문병을 온 다른 친구로부터 "내 마음의 스승은 사이토 히토리 씨야."라는 말을 들었다고 합니다. "나는 참 운이 좋아."라는 말을 여러 차례 해 보라는 조언을 들은 그는 지푸라기라도 잡는 심정으로 그 말을 반복했습니다. 그런데 놀랍게도 암이 모두 사라져 버렸습니다. 그리고 지금은 평안하게 잘 살고 있습니다.

"나는 참 운이 좋아."

이 말을 소리 내어 말함으로써 혈액 순환부터 마음의 파동까지 모두 좋은 쪽으로 바뀐 것입니다.

어울리지 않는 일

일본의 효고 현에는 환자를 웃게 하여 암을 치료하는 병원이 있다고 합니다. 어쩌면 이 치료법이 제 생각과 비슷할 지도 모르겠습니다. 이 세상에서 '어울리지 않는 일'은 절대 일어나지 않기 때문입니다.

암 환자가 웃는 건 누가 보아도 어울리지 않는 광경입니다. 그런 행동을 하면 모든 상황이 어울리지 않는 방향으로 굴러갑니다. '웃음'이라는 어울리지 않는 행동을 했기 때문에 암이 스스로 도망가는 것입니다.

모든 병은 마음에서 온다는 말이 있습니다. 만약 신경증으로 고생하는 사람이 있다면 이렇게 한번 해 보세요. 음식점에 데려가 잘 구운 삼겹살에 마늘을 넣은 고기쌈을 먹이는 겁니다. 마늘 냄새를 풍기며 입가에 기름기가 묻은 얼굴은 신경증과 절대 어울리지 않습니다. 그러니 상태가 호전될 수밖에 없습니다.

얼굴을 찡그린 채 조만간 자살이라도 할 것 같은 사람에게도 전혀 어울리지 않는 상황을 만들어주세요. 만두를 잔뜩 먹고 입 냄새를 풍기게 만드는 것도 좋은 선택입니다. 우울함과는 거리가 먼 상황이니까요.

주변에 우울한 사람이 있다면 정신의학과에 데려갈 것이 아니라 만두 가게로 함께 가세요. 거기서 음식을 실컷 먹으면 어느새 기운을 차릴 겁니다.

분홍색 옷과 가난

앞서 말한 것처럼 어울리지 않는 상황은 이 세상에 절대로 일어나지 않습니다. 한 예로, 돈이 없더라도 분홍색 옷을 입으면 가난하게 보이지 않습니다. 가난하게 보이지 않는 모습을 유지하면 곧 가난에서 벗어날 수 있게 됩니다.

'분홍색 옷을 입고, 누가 봐도 기운이 넘치지만, 사실은 가난하다.'

이처럼 모순된 상황은 이 세상에 절대로 일어나지 않기 때문입니다. 저는 어릴 때 몸이 약해서 병치레가 잦았습니다. 그래서 매일같이 병원에 다녔습니다. 그런 경우 대개 집안 분위기가 어둡습니다. 하지만 저는 집안을 오히려 밝게 만들었습니다. 몸이 아팠지만 밝고 활기차게 생활했던 것입니다. 그 이후로 매년 기운을 되찾았고, 어느새 건강한 몸이 되었습니다. '밝고 건강한 환자'는 전혀 어울리지 않는 조합이라, '밝고 활기 넘치는 사람'이 된 것입니다.

저와 비슷한 사람이 하나 더 있습니다. 신뢰하는 사업 파트너 오마타 간타입니다. 어린 시절의 그를 저는 '오마타 씨 댁 간짱'이라고 부르곤 했습니다. 제가 처음으로 간짱을 만난 건 그가 초등학생 때였습니다. 당시 그는 몸이 약해서 마치 할아버지 같았습니다. 아토피와 천식 말고도 여러 병을 더 앓았고, 항상 마른기침을 했습니다. 걱정이 된 부모님이 병원을 바꿔 다니며 갖가지 약을 먹였지만 몸 상태는 나아지지 않았습니다.

그런데 저와 이야기를 나누며 간짱이 미소를 짓게 되었습니다. 그 이후로 몇 번이나 만나 다 같이 웃고 떠들다 보니 점점 건강해지기 시작했지요. 그 후 간짱의 어머니는 저의 제자가 되었습니다. 그리고 간짱도 어머니의 일을 돕기 시작했습니다. 간짱은 누구나 부러워하는 명문 고등학교에 입학했지만, 졸업 후에 곧바로 장사에 뛰어들었습니다. 그에게는 그 길이 가장 풍요롭고 행복했던 모양입니다.

저와 간짱이 기운을 되찾고 행복해진 건, 모두 '말' 덕분이었습니다. 기운이 나는 말을 소리 내어 하면서 점점 어울리지 않는 상황을 만들어 나갔기 때문이지요.

말의 파동

만물은 각자의 '파동'을 갖고 있습니다. 예를 들어, 다이아몬드에는 다이아몬드의 파동이, 사람에게는 사람의 파동이 있습니다. 그리고 사람의 파동은 바로 '말'입니다.

"나는 참 행복해."
"못할 것도 없지."
"난 참 풍족해."

이런 말이 좋은 파동을 일으킵니다. 그런데 파동은 생각이 아닙니다. 그래서 말의 의미를 믿거나 이해하지 않아도 상관없습니다. 그저 입버릇처럼 소리 내어 말하면 자연스럽게 파동이 발생합니다. 생각을 바꿔야 사람이 변한다는 착각을 많은 사람들이 하고 있습니다. 그러다 보니 상황을 바꾸기 위해 자신의 사고방식을 전부 뜯어고치려 듭니다.

하지만 사고방식을 바꾼다 해도 사람 자체를 바꿀 수는 없습니다. 사람의 파동은 말이기에, 소리 내어 하는 말을 바꾸지 않는 한 행동이나 사고방식은 바뀌지 않습니다. 그런데 말을 입 밖으로 꺼내는 순간 파동이 바뀝니다. 주변의 시선도 달라집니다. 그러면서 스스로의 행동이 바뀌게 됩니다.

말이 바뀌면 행동도 바뀐다

말이 바뀌면 행동은 자연스레 따라갑니다. 즉, 말이 바뀌면서 행동도 바뀌고, 병이 낫거나 사업도 잘 됩니다. 처음부터 무리할 필요는 없습니다. 그저 소리 내어 말하기만 해도 충분합니다. 그리고 천 번 소리 내어 말한 시점부터 자신과 주변의 모든 것이 변하기 시작합니다.

소극적이고 의욕이 없는 사람에게도 성공과 행복을 바라는 마음은 있습니다. 그런데 그런 사람에게 "스스로를 바꾸려면 행동부터 시작해."라고 말해 봤자 무리한 요구가 될 뿐입니다. 할 수 있을 리가 없으니까요. 그보다는 이렇게 격려해 주는 편이 좋습니다.

"무리하지 말고, 그저 소리 내어 말해 보기만 해도 돼."

마음은 곧 따라온다

주의해야 할 점이 한 가지 더 있습니다. 소리 내어 표현하는 말에 마음을 담을 필요는 없다는 것입니다. 마음을 담아야 한다고 말하는 사람도 많겠지만, 사실 그러지 않아도 됩니다. 마음은 곧 따라오기 때문입니다. 내버려 둬도 알아서 따라올 테니 굳이 격정할 필요가 없습니다.

"풍요로움."
"건강."
"기운."
"즐거운 두근거림."

이런 말을 자연스럽게 소리 내어 하다 보면 점점 행복해집니다. 저는 지금까지 몇 천 번, 몇 만 번 해왔기 때문에, 이제는 가끔 말하기만 해도 충분한 효과를 누릴 수 있습니다. 하지만 이제 막 시작하는 사람들은 일상생활 속에서 입버릇처럼 자주 말하는 게 좋습니다. 예를 들어, 상사에게 업무 실수에 대해 지적받았다고 해 봅시다. 그럴 때는 이렇게 소리 내어 말하면 됩니다.

"이렇게까지 신경 써서 조언해 주시니, 저는 참 행복한 사람입니다."

이렇게 말을 소리 내어 표현하면 인생이 곧바로 바뀌게 됩니다. 어쩐지 쑥스럽다고 생각할지도 모릅니다. 하지만 당신을 꾸짖은 사람은 다른 견해를 갖고 있다는 점을 알아야 합니다. 결과적으로, 당신은 자잘한 일에 풀죽지 않는 사람으로 보일 겁니다.

'이 녀석, 제법 강단이 있는 걸?'

이렇게 여러분을 보는 상사의 눈이 달라지겠지요. 아울러 여러분 자신도 바뀌게 됩니다.

즐기면서 하는 공부

노력하면 성공할 수 없다고 앞서 설명했지만, 공부 자체는 좋은 일이므로 마음껏 하는 게 좋습니다. 단, 즐기면서 공부하지 않으면 아무런 의미가 없으므로 세심한 주의가 필요합니다.

어떤 공부를 하는 게 가장 좋을까요? 바로 독서입니다. 가능하면 여러 분야의 책을 폭넓게 읽으세요. 다만 책을 읽는 게 고통스럽다면 굳이 독서를 할 필요는 없습니다. 독서를 즐거워하는 사람은 드뭅니다. 학교에서 열심히 공부한 사람도 사회에 진출하면 책을 거의 읽지 않게 됩니다.

하지만 정반대가 되어야 합니다. 사회에 나온 뒤에는 학창시절보다 훨씬 더 많은 책을 읽어야 합니다. 왜냐하면 사회에서의 '공부'는 행복의 주요 키워드 중 하나인 '돈'과 연결될 가능성을 높여 주기 때문입니다. 그렇다면 책을 읽지 않는 사람은 어떻게 될까요? 재미있는 예를 한 가지 들어 보겠습니다.

머릿속에 들어 있는 생각만으로 술을 만들 수 있다면 어떤 일이 벌어질까요? 마티니라는 칵테일은 진과 베르무트를 베이스로 만듭니다. 그런데 머릿속에 아무것도 들어 있지 않다면 절대 마티니를 만들 수 없을 겁니다. 독서도 이와 비슷합니다. 마티니를 아이디어로 바꾸어 생각해 보면 좀 더 이해하기 쉽겠지요.

번뜩이는 아이디어

아이디어란 것은 다양한 재료의 조합을 통해 탄생합니다. 따라서 좋은 아이디어는 머릿속에 쌓아둔 재료의 양에 비례합니다. 재료가 부족하면 아이디어는 생성되지 않습니다. 재료가 다양할수록 아이디어도 풍부해집니다.

'계획'은 인간의 힘이지만, '번뜩이는 아이디어'는 신의 힘입니다. 인간이 세운 계획은 자주 좌절되지만, 번뜩이는 아이디어로 시작한 일은 절대 실패하지 않습니다. 머릿속에 들어있는 재료가 많으면 많을수록 다양한 아이디어가 샘솟기 쉽습니다. 신이 그 재료를 바탕으로 번뜩이는 아이디어를 이끌어낼 수 있도록 도와주기 때문입니다.

번뜩이는 아이디어를 탄생시키려면 독서가 제일 좋습니다. 제가 추천하고 싶은 책은 역사소설입니다. 이런 책을 읽을 때 주목해야 할 부분은 등장인물의 죽음입니다. 역사소설이니 마지막엔 결국 다 죽음을 맞이합니다. 하지만 강한 운을 지닌 사람은 어정쩡한 죽음을 맞이하지 않습니다.

미움을 받게 되면

지혜와 능력도 중요하지만, 사람에게 있어 가장 중요한 것은 '운'입니다. 그런데 이 운이라는 것이 주변 사람들의 미움을 사면 곧바로 멀어진다는 특징이 있습니다. 역사를 살펴보면 이런 사실이 잘 드러납니다. 뛰어난 재능을 갖춰도 남들의 미움을 산 인물은 대개 죽임을 당합니다. 반면에 주변의 지지를 얻은 인물은 끝까지 살아남는 경우가 많습니다.

그러니 남들의 미움을 살 만한 행동은 하지 않는 게 좋습니다. 해서 안 될 건 없지만 결국 불운으로 돌아오기 때문에 스스로에게 손해일 뿐입니다. 남의 즐거움을 빼앗는 사람이나 오만한 사람들도 타인의 미움을 사기 쉬우니 조심하는 게 좋겠지요.

요즘 상황으로 바꿔 생각하면 이해가 쉬울지도 모르겠습니다. 최선을 다해 공부를 하고, 명문 학교를 졸업해서, 훌륭한 회사에 들어간 사람이 있다고 해 봅시다. 이런 사람도 상사나 동료, 부하의 호감을 얻지 못하면 업무를 제대로 해내기 어렵습니다.

"이 사람을 위해서라면 최선을 다할 수 있어."
"이 친구를 어떻게든 위로 끌어올려 주자."

이런 주변의 응원이 있어야 비로소 일이 잘 풀리는 법입니다. 주변의 호감을 잔뜩 얻으면 무슨 일을 해도 운이 따르기 때문에 어느 날 갑자기 기적이 일어나게 됩니다.

운 좋은 사람

이런 이야기가 있습니다. 어느 날, 운 좋은 사람만 모여 있는 장소에 신이 찾아왔습니다. 대단한 이야기를 기대하며 다들 기다렸지요. 마침내 신이 입을 열었습니다.

"모두 조약돌을 줍도록 해라. 그러면 내일 기쁨과 슬픔을 동시에 경험하게 될 것이다."

이렇게 말한 뒤 훌쩍 떠나 버리고 말았습니다. 신의 말뜻을 이

해한 사람은 없었습니다. 어쨌든 돌멩이 몇 개씩을 주머니에 넣고 다들 집으로 돌아갔지요.

그런데 다음 날, 주머니 속 돌멩이가 모두 다이아몬드로 변해 있었습니다. 기쁜 게 당연했지만, '이럴 줄 알았다면 하나라도 더 주워둘 걸.' 하고 슬퍼하기도 했습니다.

운이 좋은 사람, 즉 남의 호감을 사는 사람은 신이 나타나 돌멩이를 다이아몬드로 바꿔줄 뿐 아니라, 이들이 주운 돌멩이의 개수도 많습니다. 당신을 응원해 주는 사람들이 바로 이 신과 같습니다. 지금 한번 생각해 보세요. 이 세상에서 당신을 좋아하는 사람은 과연 몇 명일까요?

도쿄대 졸업생

역사소설 속에는 인물의 일화를 비롯해 많은 이야기가 담겨 있습니다. 이 이야기들이 번뜩이는 아이디어의 재료가 되어 주지요. 기발한 아이디어가 탄생하기 위해서는 머릿속에 말랑말랑한 재료가 다양하게 들어 있어야 합니다. 그런데 학교에서 가르치는 방정식이나 화학 기호는 딱딱한 재료에 해당합니다. 쉽게 사용하기가 힘이 들지요.

사회생활을 잘 하기 위해서는 번뜩이는 아이디어가 무엇보다 중요한데, 머릿속에서 재료를 주물러 다양한 형태로 만들어 내는 과정을 통해 기발한 생각이 탄생합니다. 그러니 학교에서 받아드는 딱딱한 재료가 사회생활에 도움이 되기 힘든 것입니다. 일본에서 가장 유명한 대학은 도쿄대입니다. 하지만 그곳에서 배운 것들은 사업이나 장사에 전혀 도움이 되지 않습니다. 너무 딱딱하기 때문입니다.

'다른 사람의 마음을 편안하게 해 주는 법'
'누구보다 환하게 미소 짓는 법'
'타인의 자존감을 높여 주는 칭찬법'

만약 학교에서 이런 것들을 가르친다면 사회에 나갔을 때 큰 도움이 될 것입니다. 그런 수업이 가능하다면 도쿄대도 한층 가치 있는 배움터가 되겠지요.

책과 텔레비전

독서는 좋은 공부가 됩니다. 하지만 텔레비전은 그렇지 않습니다. 텔레비전 안에는 지혜가 없습니다. 정보가 공짜이기 때문입니다. 공짜 정보는 아무런 가치가 없습니다. 그리고 가치 없는 정보는 돈을 만들어 내지 못합니다. 가치가 제로인 것을 아무리 모아봤자 제로에 불과하니까요. 따라서 텔레비전을 보는 것은 시간 낭비이므로 주의해야 합니다.

꼭 텔레비전이 아니어도 공짜 정보는 쓸모가 없다는 걸 기억하면 좋습니다. 예를 들어, 책도 공짜로 받는 것이면 아무런 가치가 없습니다. 도서관에서 책을 빌려 공짜로 독서를 하는 건 가능하지만, 뭔가 유익한 것을 얻고 싶다면 반드시 돈을 내어 책을 사 보도록 합시다. 대가를 지불하지 않고 얻는 지식은 자신의 피와 살이 되지 않습니다.

지금이 절호의 기회

최근 들어 책을 읽는 사람이 적어진 것 같습니다. 어쩌면 그런 상황이 큰 기회일지도 모릅니다. 책을 읽지 않는 시대에 많은 책을 읽어 두면 머릿속에 좋은 재료가 늘어나 다른 이들보다 풍요로운 삶을 누릴 수 있기 때문입니다. 모두가 책을 읽는다면 아무리 열심히 독서를 해도 두각을 나타내기 어렵습니다. 하지만 책을 읽는 사람이 거의 없을 땐 서너 권만 읽어도 금세 표가 납니다.

그런데 책읽기에 대해 이야기를 나눠 보면 부담스럽다는 반

응이 대부분입니다. 읽은 내용을 일일이 기억해야 한다는 마음
가짐으로 책을 대하기 때문입니다. 이런 사람들은 뭔가 도움이
될 만한 것을 얻기 위해 책을 읽는 경우가 많습니다. 하지만 그
런 책읽기는 오히려 해가 됩니다. 가장 좋은 독서법은 편하게 슬
슬 읽어 내려가는 것입니다. 이해하지 못해도 괜찮습니다. 굳이
머리에 쌓아 두려 하지 말고, 대충 본다는 마음으로 책을 읽으세
요. 그러면 오히려 글씨보다 더 많은 것이 보입니다.

　힘들겠지만 당장 책을 읽어 보세요. 대다수가 독서를 하지 않
는 시대에 혼자 책을 읽으면 상당한 격차를 벌릴 수 있을 겁니
다. 그렇습니다. 지금이 바로 책을 읽을 절호의 타이밍입니다.

하나.

운이 좋다는 말을 입버릇처럼 하면 저절로 운이 좋아집니다. 지금 당장 시작해 보세요. 어느새 좋은 운이 당신 앞에 성큼 다가올 것입니다.

둘.

운 좋은 사람 곁에 머무세요. '운의 파동'을 받을 수 있습니다.

셋.

부부란 성격이 전혀 다른 두 존재의 만남입니다. 상대를 바꾸려 들지 말고, 있는 그대로 사랑하세요. 영혼의 단계가 성큼 올라간답니다.

넷.

보통 사람들보다 목소리가 조금 큰 인물이 성공합니다. 그렇다고 억지로 목소리를 키울 필요는 없습니다. "못할 것도 없지."라는 말을 여러 번 소리 내어 해 보세요. 어느새 적극적이 된 자신을 발견할 수 있습니다.

다섯.

말은 파동입니다. 말이 바뀌면 운이 좋아집니다. 좋은 말을 입버릇으로 만드세요. 자연스레 건강이 좋아지고, 심지어 있던 병도 낫게 됩니다.

여섯.

주변의 응원은 다이아몬드보다 소중합니다. 남들에게 도움을 주고, 항상 사랑받는 사람이 되어 보세요.

Chapter 3

균형의 법칙

쓰임이 다한 지혜

세상을 움직이는 중요한 진리 가운데 '균형의 법칙'이란 것이 있습니다. 우리 앞에 두 사람이 있다고 해 봅시다. 한 사람은 부자로, 돈 모으는 법을 잘 압니다. 다른 사람은 판매 사원으로, 물건 천만 원어치를 파는 노하우를 갖고 있습니다. 그럼 이제 두 사람은 무엇을 해야 할까요?

바로, '가르침'입니다. 다른 사람에게 자신이 아는 것을 알려주는 것입니다. 아는 것을 흔쾌히 나누어준다면 그들은 앞으로도 풍족한 삶을 누릴 수 있습니다. 하지만 혼자 간직한 채 꽁꽁 숨긴다면 언젠가는 반드시 실패하고 맙니다.

부자가 되는 법이나 물건을 파는 노하우는 사실 그들에겐 쓰임이 다한 지혜입니다. 그런 지혜를 움켜쥐고 있다 해도 아무런 쓸모가 없습니다. 쓰임이 다한 지혜는 나누는 게 답입니다. 주변 사람들에게 자신이 아는 것을 지속적으로 알려주세요. 점점 더 행복해지는 자신을 발견하게 될 겁니다.

지혜를 나누면

왜 자신이 아는 것을 다른 이들과 나눠야 할까요?

쓰임이 다한 지혜를 움켜쥐고 있는 건 빈곤한 사람의 욕심과 다르지 않기 때문입니다. 빈곤한 마음을 지니고 살면 반드시 가난해집니다. 의미 없는 것들을 내려놓지 못하면 그 무게 때문에 가난의 늪에 빠져듭니다.

물건을 천만 원어치 팔 줄 아는 사람에게 그 노하우는 더 이상 필요가 없습니다. 그러니 다른 사람에게 나눠 줘도 손해가 아닙니다. 물건 파는 법을 몰랐던 사람이 그 방법을 배운다면 무척 기뻐할 겁니다. 천만 원을 벌 수 있게 되었기 때문입니다.

그렇게 다른 사람을 가르치고 나면, 신기하게도 지혜를 나눠준 사람에게 천만 원의 이익이 더 생깁니다. 쓰임이 다한 지혜를 타인과 나눈 보답인 셈이지요. 바라고 한 일은 아니지만, 어째서인지 기대하지 않은 보답이 자신에게 돌아오게 됩니다.

책을 쓰는 이유

필요 없는 지혜를 남에게 주면 왜 보답이 돌아올까요? 우주는 언제나 균형 잡힌 상태로 유지됩니다. 따라서 나눔에 대한 보답이 없다면 그 균형이 깨지기 때문입니다. 마쓰시타 고노스케는 책을 여러 권 썼습니다. 균형의 법칙을 잘 알기 때문일 겁니다. 그는 책을 통해 비즈니스 노하우, 행복해지는 법 등을 전하고자 애썼습니다.

지금보다 높은 수준에 다다르고 싶다면, 아는 것을 주변에 나누어 줍시다. 비법을 간직한 채 혼자만 앞서겠다는 얄팍한 생각이 마음 한구석에 자리하고 있을 수도 있습니다. 하지만 그런 사고방식으로는 지금의 수준에서 벗어나기 어렵습니다.

세무서는 복의 신

세금에도 균형의 법칙이 적용됩니다. 번 돈을 정직하게 신고하고, 세금을 제대로 납부하면, 결국 몇 배로 돌아옵니다. 저는 지금껏 세무서가 발행한 고지서대로 정직하게 세금을 냈습니다.

세금을 줄이는 편법은 한 번도 쓴 적이 없습니다. 그러다 보니 그동안 납부한 세금만 해도 2천억 원이 넘습니다.

"세금을 많이도 내셨네요. 사이토 히토리 씨는 절세 같은 건 안 하세요?"

이런 질문을 흔히 듣곤 합니다. 제가 절세를 하지 않는 건 사실 아무 이득도 없기 때문입니다. 저는 세무서 직원에게 종종 말합니다.

"저는 탈세할 마음이 조금도 없습니다. 하지만 살펴봐주세요. 혹시 제가 당신을 속일 수도 있으니까요."

이런 말로 세무서 직원의 의심을 사면, 세금 관련 업무를 좀 더 꼼꼼하게 살필 수 있습니다. 자연스레 실수도 사라집니다. 그런데 세무서의 신뢰를 얻는다면 자칫 방심하게 될지도 모릅니다.

세무서 직원들은 돈이 많은 곳에 찾아갑니다. 즉, 엄격하게 감시 받는 회사는 경영 상태가 좋다는 말입니다. 사업이 잘되니까 세무서가 주목하고, 세무서 직원이 찾아오면 사업은 자연스레 번창합니다. 사업을 하는 이들에게 세무서는 '복의 신'과 마찬가

지입니다. 세무서 직원이 찾아오지 않으면 그 회사는 문을 닫게
될 것입니다.

매우 소중한 세금

세금이란 언젠가는 반드시 내야 하는 돈입니다. 그러니 처음부
터 이렇게 말해 보세요.

"좋아, 세금 한번 팍팍 내 보자고!"

금세 긍정적인 태도를 가질 수 있습니다. 세금이란 단어를 들
으면 기분이 나빠지는 사람도 있을 겁니다. 하지만 사업가라면
세금이 얼마나 소중한 돈인지 잘 알고 있습니다.

사업을 하기 위해서는 잘 정비된 사회 시스템이 필요합니다.
깨끗한 도로, 튼튼한 다리 같은 기반 시설은 물론이고, 안전 유
지를 위해 경찰관과 소방관도 필요하지요. 이처럼 사회를 건강
하게 지탱하는 것이 바로 세금입니다. 그러니 세금을 아까워하
지 마세요. 어떻게든 세금을 아껴 보려는 궁리는 하늘에 침 뱉기
처럼 잘못된 생각입니다.

우리는 언젠가 죽습니다. 그러면 모든 것이 세상에 남습니다.

돈을 싸들고 저세상에 갈 수는 없는 노릇이니까요. 돈이 아무리 많아도 죽으면 그걸로 끝입니다. 그러니 세금을 줄여 보겠단 생각은 아예 접는 것이 좋습니다. 더 좋은 세상을 만들기 위해 더 많은 세금을 내는 것. 이것이 모두를 위해 바람직한 일이랍니다.

신나게 세금 내기

그렇다고 제가 세금 내기를 좋아한다는 뜻은 아닙니다. 가끔은 그 돈을 다른 일에 쓰고 싶다는 생각을 해 보기도 합니다. 직원이나 고객들과 멋진 곳에 가서 맛있는 음식을 먹으며 즐거운 시간을 보내면 어떨까요. 그게 세금을 내는 것보다 더 즐거울지도 모르겠습니다.

하지만 납세의 의무는 헌법으로 정해진 일입니다. 그렇다면 머뭇거리기보다 차라리 신나게 하는 편이 훨씬 좋지요. 함께 일하는 사람들과 이런 이야기를 나누곤 합니다.

"올해는 세금으로 1등을 찍자!"

납세를 게임으로 삼아버리는 겁니다. 그러면 즐거움에 가슴이 두근거리기 시작합니다. 그렇게 유쾌하게 번 돈으로 즐기면서 세금을 납부합니다. 이 돈이 많은 이들의 행복이 될 거라 생각하면 마음이 저절로 풍족해집니다.

하지만 세상에는 작은 이익에 눈이 멀어 세금을 내지 않으려는 사람들도 있습니다. 그런 사람은 언젠가 세무서의 레이다망에 걸릴 것입니다. 그리고 놀랄 만큼 엄청난 벌금을 치러 세상의 균형이 바로잡히겠지요. 단지 세금에만 해당되는 이야기는 아닙니다. 이 세상 만물은 균형의 법칙에 의해 움직입니다. 이 점을 절대 잊지 마세요.

우주의 중심

쓰임이 다한 지혜는 다른 이들에게 '가르쳐주는' 게 좋다고 앞서 설명했습니다. 그런데 이 표현이 자칫 오해를 부를지도 모르겠습니다. 왜냐하면 우리는 누구나 지혜를 갖고 있기 때문입니다. 다만 잊고 있을 뿐입니다.

저를 통해 깨우침을 얻었더라도, 사실은 처음부터 스스로 알고 있던 지혜입니다. 그저 제 이야기가 계기가 되어 잊었던 사실을 떠올렸을 뿐이지요. 이것이 바로 '이끌림의 법칙'입니다.

우주의 중심에는 거대한 힘이 존재합니다. 인간의 마음은 그 중심과 직접 연결되어 있지요. 모든 지혜는 우주의 중심에 놓여 있습니다. 만약 모르는 게 있다면 우주의 중심에서 그 지혜를 구하면 됩니다. 해결하고 싶은 문제가 있을 때도 마찬가지입니다. 갑자기 어떤 아이디어가 떠오른다면, 그것 또한 우주의 중심에서 전해져 온 것입니다.

이끌림의 법칙

우주의 중심은 하나이며, 모든 사람의 마음은 그곳과 연결되어 있습니다. 따라서 우린 모두 같은 지혜를 지니고 살아갑니다. 배우거나 가르치는 차원이 아닙니다. 제가 어떤 지혜를 가졌다면, 여러분 역시 그 지혜를 갖고 있다는 의미입니다.

가끔 자신의 능력치를 웃도는 문제가 터질 때가 있습니다. 좀처럼 해결책이 떠오르지 않는다면 생각을 유지한 채 기다려 보세요. 문득 대답이 다가올 것입니다. 회사 일도 마찬가지입니다. 머릿속으로 무언가를 생각하고 있으면 외부 세계에서 반드시 해답이 찾아옵니다. 그것이 바로 '이끌림의 법칙'입니다.

아무리 끙끙대도 아이디어가 떠오르지 않을 때도 그 문제를 머릿속에 담아두세요. 좋은 아이디어를 지닌 사람이 곧 당신을 찾아갈 테니까요. 혹시 사람이 오지 않는다면 잡지나 방송이 힌트를 던져줄 겁니다. 그러니 생각을 멈추지 마세요.

아낌없이 나누는 지혜

그런데, '좋은 제품을 만들고 싶은데 왜 아이디어가 떠오르질 않지?' 하는 막연한 생각만으로는 이끌림의 법칙이 제대로 작동하지 않습니다.

"이렇게 열심히 생각했는데도 아직 해답을 찾지 못했네. 이제 슬슬 누군가가 답을 가지고 오겠지."

이렇게 스스로에게 말해 봅시다. 곧 귀인이 찾아올 것입니다. 내게 필요한 것은 세상 어딘가에 반드시 존재합니다. 손에 넣고 싶다고 늘 생각하면, 그것은 어느새 내 곁에 자연스럽게 이끌려 오게 된답니다. 지혜, 사람, 물건, 모두 마찬가지입니다. 그러니 멋진 생각이 떠오르지 않는다고 초조해할 필요는 없습니다. '이 끌림의 법칙'에 따라 언젠가 그 아이디어가 반드시 여러분을 찾아갈 테니까요.

저는 협력을 소중하게 여깁니다. 그래서 제 회사의 직원들은 사이가 무척 좋습니다. 그리고 자신의 지혜를 아낌없이 공유합니다. 저 또한 20년 넘게 주변 사람들을 가르쳐왔습니다. 인색한 부자가 되는 것을 원치 않았기 때문입니다. 깨달은 것을 혼자만 알지 말고 다른 사람에게도 나누어주세요. 그러다 보면 새로운 지혜가 보답으로 되돌아옵니다. 그러면서 일도 점점 순조롭게 풀리지요.

옷을 살 땐 밝은 색으로

말과 목소리의 중요성에 대해서는 이미 설명을 하였습니다. 그런데 '색깔'도 중요합니다. 사고방식이나 행동이 색을 통해 드러나기 때문입니다. 예를 들어, 돈이 없어서 곤란한 사람들은 색에 대한 취향이 비슷합니다. 갈색, 베이지, 회색…, 이렇게 칙칙한 색에만 눈이 갑니다. 물론 멋을 위해 이런 색을 고를 수도 있습니다. 하지만 칙칙한 옷이나 소품에만 매달리면 결국 칙칙한 인생을 보내게 됩니다. 어두운 색은 어두운 생각을 불러오게 마련이니까요.

색깔은 그 사람의 현재 모습을 잘 알려줍니다. 왜 그런 색을 샀느냐고 물으면 가격이 저렴해서 구입했을 뿐이라고 쉽게 대답합니다. 하지만 진실은 그렇지 않습니다. 삶이 어두우니 저절로 그런 색깔에 눈길이 머문 것입니다.

삶이 여유로울 땐 화려한 색을 입지만, 힘겨울 땐 어두운 색을 입는 사람이 있습니다. 상황이 좋지 않아 그러한 색을 입었다고 생각할 수 있지만, 어쩌면 어두운 색깔 탓에 내리막길을 걷게 된 것일 수도 있습니다. 되도록 밝은 색상의 옷을 고르도록 합시다. 취향이 전혀 그런 쪽이 아니라면 자주 들고 다니는 소품을 화사한 것으로 골라도 좋습니다. 그러면 모든 일이 어느새 좋은 방향으로 나아가게 됩니다.

나의 일이 좋은 방향으로 향하면, 이번에는 주변 사람들에게 눈을 돌려 봅시다. 칙칙한 옷을 입은 사람이 있다면, 주의해서 살펴보세요. 만약 그 사람의 인생이 불행하다면 살며시 말해 주세요.

"밝은 색 옷을 한번 입어 보세요."

만약 그 사람이 당신의 조언을 받아들인다면 깜짝 놀랄 만큼 활기찬 모습으로 바뀔 것입니다. 그리고 당신에게 감사 인사를 건네겠지요.

그 어떤 상황에서도 밝고 화사한 복장을 하도록 마음을 쓰는 것이 중요합니다. 옷차림은 아주 중요하기 때문입니다. 걸치는 옷이 뭐 그리 중요하겠냐고 말할 수도 있습니다. 하지만 그것은 잘못된 생각입니다. 어떤 색깔의 옷을 입느냐에 따라 행복의 유무가 달라질 수 있습니다. 저는 이것을 '색깔의 법칙'이라고 부릅니다.

겉모습이 바뀌면 인생도 바뀐다

이때 색깔의 법칙만 독립적으로 작용하는 것은 아닙니다.

"나는 참 행복해."
"못할 것도 없지."
"난 참 풍족해."

이런 말을 하면서 밝은 색 옷을 입는 것이 가장 효과적입니다. 아름다운 말을 소리 내어 하면서 화사한 옷을 입어 보세요. 어느새 행동도 화사하게 바뀔 겁니다. 그러다 보면 주변의 시선도 달라집니다. 그리고 완전히 바뀐 자신의 인생을 어느새 깨닫게 됩니다. 이처럼 겉모습에는 인생을 바꾸는 강력한 힘이 있습니다.

하나.

부자가 되는 법을 기꺼이 주변 사람들에게 가르쳐주세요. '균형의 법칙'이 작용하여 세 배의 이득으로 되돌아옵니다. 절대 인색하게 굴지 마세요. 반드시 가난해집니다.

둘.

세무서 직원들은 돈을 잘 버는 사람에게만 다가갑니다. 그러니 '복의 신'과 다름없습니다. 유쾌하게 돈을 벌고 즐겁게 세금을 내면 풍요로운 마음으로 살아갈 수 있습니다.

셋.

필요로 하는 아이디어는 '이끌림의 법칙'에 의해 우주의 중심에서 나를 찾아옵니다. 머릿속으로 계속 생각해 보세요. 대답이 자연스럽게 외부에서 다가올 겁니다.

넷.

어려움을 만났을 때 혼자 해결하려 들지 마세요. 주변 사람들과 충분히 상의하면 누군가가 해답을 가져다줍니다.

다섯.

색깔은 현재 모습을 표현합니다. 화사한 색의 옷을 입으세요. '색깔의 법칙'이 당신을 행복으로 이끌어줄 것입니다. 겉모습을 바꾸는 것만으로도 인생이 달라질 수 있습니다.

Chapter 4

가속의 법칙

돈을 산더미처럼 버는 간단한 방법

"올해는 이만큼 매출을 늘리자!"

　사업을 하는 사람이라면 누구나 매출을 늘리고 싶을 겁니다. 그래서 한해가 시작될 무렵이면 매년 이렇게 계획을 세우지요. 매출 예측은 대출이 필요할 때 은행을 설득하는 좋은 근거 자료가 됩니다. 그리고 직원 채용 계획에도 영향을 미칩니다. 그래서 사업하는 사람은 매출을 아주 신중하게 계획합니다. 그런데 제 방식은 완전히 다릅니다. 저는 매출에 관해 생각할 때 소리 내어 말해 봅니다.

"두 배." "세 배." "네 배."

'매출을 두 배로 올리자', '매출을 세 배로 늘리자', 그런 뜻입니다. 만약 "네 배."라고 말할 때 머리에 짜릿한 반응이 느껴진다면, '매출 네 배'라는 목표에 제 자신이 반응하고 있다는 것을 알아차릴 수 있습니다. 저는 바로, 이 시점에서 매출을 네 배 이상 올리겠다는 계획을 세운답니다.

목표를 소리 내어 말해라

그 다음에는 매출을 네 배 이상 올릴 방법을 생각해 봅니다. 네 배라는 확실한 목표를 향해 구체적으로 무엇을 하면 좋을까 구상해 보는 것이지요. 일반적으로 목표를 달성하지 못하는 이유는 바로 구체적인 목표를 정해두지 않았기 때문입니다.

"아니에요, 그렇지 않아요. 매일 확실하게 계획을 세우고 있는데요?"

이렇게 반박할지도 모르겠습니다. 하지만 아직은 충분히 구체적이지 않습니다. 막연히, "여행이나 가고 싶다." 정도일 뿐이지요. 그러니 자세하게 물어도 확실한 대답이 나오질 않습니다. 프랑스에 있는 파리에 가고 싶은 건지, 미국에 있는 뉴욕에 가고 싶은 건지 본인도 잘 모르기 때문입니다. 확실한 목적지를 정하고 그걸 소리 내어 말하지 않으면 목표가 실현되지 않습니다. 그러니 뉴욕에 가고 싶다면 입 밖으로 소리 내어 말해 보세요.

"그래, 뉴욕으로 여행을 갈 거야!"

그러면 재미있게도 주위 상황이 자연스럽게 바뀌기 시작합니다. 뉴욕에 가겠다고 마음을 먹고 그걸 소리 내어 말한 뒤부터 돈은 얼마나 드는지, 가는 데 걸리는 시간은 어느 정도인지, 비행기 표는 어떻게 구입해야 하는지, 로스앤젤레스를 경유할 것인지, 아니면 하와이에서 놀다 갈 것인지 해야 할 일들이 차례대로 드러납니다.

이를 순서대로 처리하다 보면 어느새 당신은 뉴욕 거리에 서있는 자신을 발견하게 됩니다. 자신과 뉴욕을 끈으로 연결하고, 그 끈을 따라 나아가는 식이지요.

내게는 좋은 일만 생긴다

사업도 마찬가지입니다. 매출을 네 배로 올리겠다고 결정했으면 그 목표를 줄로 이어 가볍게 당깁니다. 처음에는 꼬이거나 느슨해지기도 하겠지만, 매일 잡아당기다 보면 그 줄은 언젠가 매출 네 배로 가는 최단 길이로 팽팽하게 당겨집니다. 이제 여러분은 그 줄을 따라가기만 하면 됩니다. 이런 방식으로 매출을 네 배로 올리게 되는 것이지요.

"여행을 가고 싶다."
"부자가 되고 싶다."
"편하게 살고 싶다."

이렇게 애매한 목표는 아무리 말해 봤자 실현되지 않습니다. 구체적인 목표를 정해 소리 내어 말해 봅시다. 그렇게 한다는 것은 목표에 줄을 묶어 잡아당기는 것과 같습니다. 재미있게도 이 줄을 따라 가다 보면 도중에 좋은 일만 일어나서 앞으로 나아가는 속도가 점점 빨라집니다. 이것이 바로 '가속의 법칙'입니다.

저축에 작용하는 '가속의 법칙'

예를 들어, 내 집 마련의 꿈을 이루고 싶다면 저축을 시작할 겁니다. 매월 30만원씩 1년을 모으면 360만원이 되지요. 10년이면 3,600만원, 20년이면 7,200만원…. 겨우 계약금을 다 모았다 싶으면 어느덧 정년퇴직입니다. 이런 방식이 과연 옳을까요?

'정년퇴직에 이르러서야 겨우 계약금을 모았다면 이미 늦었잖아!'

이렇게 생각하는 사람도 많을 겁니다. 그런데 이 방식이 맞습니다.

"나는 참 행복해."
"못할 것도 없지."
"난 참 풍족해."

집을 마련하고 싶은 사람은 이 말을 천 번이나 소리 내어 말했을 것입니다. 말의 효과가 어느 순간부터 나타나면서 '가속의 법칙'이 작용하기 시작합니다. 처음에는 20년이 걸린다고 계산했을지 모르지만, 중간부터 가속이 붙어서 예정보다 더 빨리 돈을 모을 수 있지요.

회사의 급료가 올라가거나, 아르바이트를 해서 부가 수입이 들어오거나, 혹은 당신의 행동에 감동한 부모님이 "계약금 정도는 내가 내주마." 하고 말씀해 주실 지도 모릅니다. 친구가 자신의 집을 싸게 양도해 줄지도 모르고, 당신이 몰랐던 회사의 융자 제도를 알려주는 직장 동료가 나타날 수도 있습니다.

"일이 그렇게 쉽게 풀릴 리가 없잖아."

누군가는 이렇게 말할지도 모릅니다. 하지만 제가 한 말은 분명 사실입니다.

가속이 붙게 되면

'가속의 법칙'이 작용하면 점점 높은 단계로 나아갈 수 있습니다. 이때 조심해야 할 것이 있습니다. 항상 다음의 더 큰 목표를 갖는 일입니다. 그리고 그 목표를 향해 나아갈 때는 반드시 중간중간에 표시를 해 두는 것이 필요합니다. 이를 중간 목표로 삼아 나아가다 보니 어느새 자신도 모르게 최종 목표에 도달하는 것이 제일 바람직합니다.

단, 중간에 있는 표시를 보고 멈추지 않는 편이 좋습니다. 가고자 했던 중간 표시에 도착하면, 곧바로 다음 장소로 이동하세요. 이것이 '가속의 법칙'에서 제일 중요한 핵심입니다. 중간 목표 지점에서 쉬면 곧바로 이런 마음이 듭니다.

'그럼 잠깐 온천이라도 다녀올까?'

인간은 원래부터 나약한 존재라 쉽게 게을러집니다. 비행기는 계속 날지 않으면 추락합니다. 사람도 마찬가지입니다. 멈춰 서서 방향을 바꾸면 안 됩니다.

최종 목표를 말하지 마라

중간 표시를 따라 최종 목표를 향해 나아가라고 앞서 설명을 하였습니다. 그런데 여기서 잊지 말아야 할 것이 있습니다. 바로 최종 목표를 남에게 '말하지 않는' 것입니다. 마음에 품은 큰 목표를 남에게 말하지 않으면 매우 긴장하게 됩니다. 누군가에게 내 이야기를 들려주고자 하는 욕망을 억누르는 상태가 되기 때문입니다.

이 같은 스트레스는 머지않아 큰 에너지가 되어 돌아옵니다.

작은 에너지를 자주 방출하면 아무리 시간이 흘러도 내 안에 큰 에너지로 쌓이지 않습니다. 에너지를 가득 쌓아 단번에 분출했을 때 큰 행동력이 생겨나고, 이를 바탕으로 꿈을 이룰 수 있는 법입니다.

강이 넘치는 것은 물이 충분히 고였기 때문입니다. 물의 양이 많을수록 범람의 기세는 커집니다. 물이 충분치 않으면 강은 결코 범람하지 않지요. 강물이 고이는 것과 목표를 말하지 않는 것은 매우 비슷합니다. 자신의 갈망을 꾹꾹 눌러 담아 마음속에 품고 있으면 머지않아 엄청난 기세로 분출됩니다. 목표를 불쑥 말해 버려 애써 쌓아둔 에너지를 낭비한다면 참으로 안타까운 일이 되겠지요.

도미노 현상

가속의 법칙 이외에 '도미노 현상'이라는 것이 있습니다. 도미노 현상이란, 사람이 한 방향을 향해 나아가다 보면 좋은 일이 차례로 일어나 마치 도미노가 쓰러지듯 목표를 향해 전진해 나가는 현상을 말합니다. 도미노 현상이 시작되면 나한테 좋은 일들이 자꾸만 몰려옵니다. '가속의 법칙'으로 속도가 올라가 있는 상태에서 자신에게 좋은 일들이 연속적으로 일어나니 깜짝 놀랄 만큼 **빠른** 속도로 소망이 이루어지는 것이지요.

　도미노 현상은 긍정적인 사람에게만 일어납니다. 그러니 '집을 사고 싶은데 지금 월급으론 안 되겠네.'하며 부정적인 사고를 하거나 남에게 고민 상담을 해서는 안 됩니다. 자꾸만 뒤를 돌아보는 식의 부정적인 생각을 하면 '도미노 현상'은 일어나지 않습니다.

"집을 갖고 싶다. 집을 꼭 손에 넣어야지."

　이런 말이 머릿속에서 번뜩이면, 그것을 실현하기 위해 어떻게 하면 좋을지 그것만 생각하세요. 목표와 나를 끈으로 묶어 연결하고, 그 끈을 팽팽하게 당기는 것을 잊지 마세요.

풍요로움이 눈덩이처럼

　긍정적인 생각을 하면 뇌가 풀가동을 해서 해답을 이끌어냅니다. '집을 손에 넣겠다.'는 생각이 바로 신이 준 아이디어이기 때문입니다. 번뜩이는 아이디어로 일을 시작하면 도중에 신이 계속 아이디어를 보내줍니다. 노력하거나 기합을 잔뜩 넣지 말고 힘을 **뺀** 채 천천히 소리 내어 말해 보세요.

"못할 것도 없지."

그러면 어느새 번뜩이는 아이디어가 또 나타나 당신을 도와줍니다.

"돈이 없으니까 집을 살 수 없어."

이렇게 말해서는 안 됩니다. 실수로 그런 말이 툭 튀어나왔다면 바로 이렇게 말하세요.

"세상은 참 풍요롭구나. 먹을 것도 넉넉하고, 집에는 텔레비전과 냉장고도 있어. 참 행복해."

이것이 풍요로움의 말입니다. 풍요로운 말은 그 사람을 풍요롭게 해 줍니다. 풍요로운 말을 입 밖으로 꺼내면 얼굴도 풍요로워진답니다. 풍요로움이 점점 늘어나서 '가속의 법칙'과 '도미노 현상'이 시작되지요.

인생에 관한 거짓말

"인생에는 우여곡절이 있다."

당연한듯 이렇게 말하는 사람들이 있습니다. 자신을 엄격하게 대하는 훌륭한 말처럼 들리지만, 사실은 전혀 그렇지 않습니다. 이런 말을 쓰는 사람들은 사는 집이나 장사할 가게를 부모로부터 물려받는 경우가 많습니다. 즉, 편하게 사는데도 정반대의 말을 하고 있는 것이지요. 이렇게 말과 행동에 모순이 있으니 무엇을 해도 잘 안 풀립니다.

행동과 말이 모순되는 것 정도야 문제가 될 게 없겠지만, '우여곡절이 많은 인생'을 보내는 사람이야말로 이런 말을 소리 내어 해야 합니다.

"나는 참 행복해."
"난 참 풍족해."

이런 모순은 언젠가 이 사람을 행복하게 해 줍니다.

일을 놀이처럼

저는 먼 훗날 우리가 이 세상을 떠나면 저 세상으로 간다고 믿습니다. 저 세상에는 천국과 지옥이 있지요. 천국에 가려면 이 세상에서 수행을 해야 합니다. 그런데 '수행'이라는 말을 들으면 어쩐지 괴롭고 힘든 일이 연상됩니다. 중요한 점은 괴로운 수행으로는 천국에 갈 수 없다는 사실입니다. 즐겁게 수행해야 천국에 갈 수 있습니다.

아마 다른 사람들 눈에는 제가 매일 노는 것처럼 보일 것입니다. 하지만 저는 수행을 하고 있는 겁니다. 이런 방식을 '놀이로 하는 수행'이라고 부릅니다. 사실 우리가 태어나서 지금까지 하는 모든 일이 수행이자 놀이입니다.

하지만 대부분의 사람들은 일을 할 때도, 놀이를 할 때도, 심지어 가정에서 머물 때도 너무 진지하게 행동합니다. 지나치게 진지하기 때문에 작은 일에도 눈을 부릅뜨며 화를 내는 걸지도 모릅니다. 일을 놀이라고 생각해 보세요. 그러면 어떤 문제가 발생해도 화를 낼 필요가 없습니다.

배려는 손님에게

제게는 열 명의 제자가 있습니다. 그들은 모두 사장으로, 각자의 회사를 경영합니다. 회사도 하나의 조직이니, 그 회사의 직원과 제 제자들 사이에는 당연히 상하 관계가 존재합니다. 저와 제 제자들 사이에도 상하 관계가 있습니다.

그렇다면 저와 그 회사의 직원들은 과연 어떤 관계일까요? 일반적으로 생각하면 아마도 제가 회장 정도에 해당할 것입니다. 자기들 사장님보다 지위가 높으니 아주 대단한 존재로 여기겠지요. 그런데 제자들의 회사에 방문해 보면, 제게 정중하게 인사하는 직원은 단 한 명도 찾아볼 수 없습니다.

그 이유는 간단합니다. 저는 고객이 아니니까요. 배려가 가장 필요한 대상은 손님입니다. 저는 앞으로도 고객이 될 일이 전혀 없는 사람입니다. 그런 제게 마음을 쓰는 것만큼 쓸데없는 일도 없습니다.

화내지 않는 이유

저에게 신경 쓸 필요가 없으니 직원들은 아주 즐겁게 일합니다. 괜한 데 마음을 쓰지 않아도 되니 집중력도 높아지고 실적도 향상되지요. 재미있는 건, 저를 발견하면 다들 손뼉을 치며 즐거워한다는 겁니다.

흔히 사람들은 실수하거나 실패하지 않을까 하는 불안감 때문에 작은 일에도 눈을 부릅뜨고 화를 냅니다. 하지만 절대 실패하지 않는다고, 반드시 일이 잘 풀릴 거라고 생각하면 화를 내고 싶은 마음이 들지 않습니다.

회사에서 제게 꾸중을 듣는 직원은 단 한 명도 없습니다. 어차피 다 잘될 테니 화를 낼 필요가 없지요. 일을 망칠까봐 불안해하는 사람이나 실수할까봐 걱정하는 사람들이 매일 화를 냅니다. 화를 내느라 엄청난 에너지를 낭비하는 건 참 쓸데없는 일이라고 생각합니다.

운이 좋아지는 표정

화를 낼 때 인상이 바뀌지 않는 사람은 없습니다. 자주 화를 내면 미간에 주름이 잡히고, 눈과 눈 사이가 좁아지며, 입 모양이 일그러집니다. 이게 바로 인생을 최악으로 망치는 인상, 즉 불행해지는 얼굴입니다.

미간, 그러니까 이마 한가운데에는 '제3의 눈'이라는 마음의 눈이 세로로 자리하고 있습니다. 이 제3의 눈은 사물의 본질을 꿰뚫고 세상의 소중한 것을 살필 수 있어서 사람을 행복하게 해 줍니다. 그런데 미간을 찌푸리면 얼굴의 주름이 가운데로 몰려서 제3의 눈이 닫혀 버립니다. 그렇게 되면 행복을 위해 필요한 아이디어가 절대 샘솟지 않습니다.

저는 언제나 싱글싱글 웃고 다닙니다. 이런 인상으로 지내면 제3의 눈이 활짝 열리기 때문에 멋진 아이디어가 끊임없이 떠오릅니다. 입이 옆으로 활짝 벌어져서 양쪽 입가가 위로 올라간 인상 또한 운세를 좋게 해 주는 효과가 있습니다.

부탁이 늘어날 때

재미있는 건 운이 좋아지면 남들에게 부탁을 받는 횟수가 늘어난다는 겁니다. 부탁이라곤 해도 사실 그리 대단한 건 아닙니다.

"잠깐 실례합니다."

"약간의 도움이 필요합니다."

이런 말과 함께 이름을 불리는 일이 많아지는 정도입니다. 남들에게 이용을 당할까 봐 걱정이 될 수도 있습니다. 그럴 땐 시각을 조금만 바꿔 보세요. 회사에서, 학교에서, 동네에서 주위 사람들이 나에게 쉽게 말을 건다는 건 정말 행복한 일입니다. 또한 부탁 들어주기를 즐길 줄 아는 사람은 풍요로운 인생을 보낼 수 있습니다.

운세와 부탁

미래란 인간이 그쪽을 향해 나아가는 것이라고 흔히들 생각합니다. 하지만 실제로는 미래가 우리를 향해 다가옵니다. 마치 파도처럼 말이지요. 내가 뭔가를 목표로 삼아 나아가는 것이 아니라 저쪽에서 나에게 찾아오는 것입니다. 그러니 앞으로 무엇이 다가올지 예측할 수 없습니다. 그러므로 앞으로의 일을 미리 염려하는 것은 시간 낭비일 뿐이지요. 어찌할 수 없는 미래를 생각해 봤자 고민만 늘어납니다. 상황도 절대 좋아지지 않지요.

어차피 미래는 알아서 나에게 찾아옵니다. 대비할 수도, 도망칠 수도 없지요. 여기서 중요한 건, 누군가의 부탁은 신이 예비해둔 미래로부터의 선물이라는 사실입니다. 신이 손수 준비한 선물을 기뻐하지 않을 사람은 없겠지요.

이러한 선물이 끊임없이 찾아오면 얼굴에서 웃음이 떠나지 않게 됩니다. 부탁이 많아질수록 운세가 좋아지기 때문입니다. 그리고 부탁을 기분 좋게 받아들이면 새로운 것을 익히게 됩니다. 즉, 다양한 경험을 쌓을 수 있지요.

대답은 힘차게

운세라는 단어 속에는 '기세를 운반함'이라는 의미가 담겨 있습니다. 따라서 운세를 좋게 하려면 어떤 일이든 기세 좋게 해야 합니다. 부탁을 받을 때도, 그걸 받아들일 때도 힘차게 대답을 해 보는 겁니다. 이 같은 태도로 부탁을 수락하고 자꾸 도와주다 보면, 자연스럽게 자신이 잘하는 분야가 생깁니다. 잘하는 분야가 늘어나면 이번에는 좋아하는 분야가 생기지요.

다시 말해, 잘하는 동시에 좋아하는 분야를 발견하게 되어 매우 행복한 상태가 됩니다. 이 단계까지 오면 당신은 뭐든 척척 잘 해내는 사람이 됩니다. 주위 사람들의 평판도 자연스레 좋아지지요.

"뭔가 부탁할 일이 생기면 앞으로 저 사람한테 말해야지."

바로 이렇게 되는 겁니다. 부탁이 늘어나면서 해당 분야의 실력은 더욱 쌓이게 됩니다. 이처럼 풍족한 인생이 또 있을까요? 반대로 다른 유형의 사람도 있습니다.

"어쩐지 저 사람한테는 부탁하기가 꺼려진단 말이야."

안타깝지만 그런 사람은 누구의 부탁도 받지 못합니다. 잘하는 분야도 생기지 않고, 좋아하는 분야도 만들 수 없겠지요. 물론 주변의 평가도 변함이 없을 겁니다.

밝은 얼굴의 힘

남들이 부탁하기 편한 성격도 한 가지 재능입니다. 좋은 인상을 가진 사람은 다가서기 쉬운 사람이 되어서 더욱 행복한 삶을 누리게 되지요.

"너는 어떤 사람이 되고 싶니?"

누구나 어린 시절에 부모님이나 선생님으로부터 이런 말을 듣곤 합니다. 하지만 이것은 별로 의미 있는 질문이 아닙니다. 그런 건 생각할 필요 없이 항상 밝은 얼굴을 유지하면 됩니다. 그것으로 충분합니다. 미간을 펴서 제3의 눈을 활짝 열어두면 어느새 행복한 길이 눈앞에 펼쳐집니다.

"내 인생의 목적은 무엇일까?"

이런 어려운 것은 고민해 봤자 시간 낭비입니다. 아이에게 그런 걸 물어봤자 부모가 무슨 이득을 볼 수 있는 것도 아니니 하지 않는 게 좋지요. 그런 질문을 해 본다한들, 아이는 그 의미도 이해하지 못합니다.

"멋진 축구 선수가 되고 싶어요."

"세계적인 가수가 될래요."

기껏해야 이런 대답일 겁니다. 세상에 어떤 직업이 있는지조차 아직 제대로 모를 테니까요.

아이의 미래

그런 것보다는 제대로 대답할 줄 아는 아이로 키우는 것이 더 좋습니다. 어떤 일에도 "네!"라고 대답하는 것을 가르쳐준다면, 이제 다른 건 아무것도 필요 없다고 해도 과언이 아닙니다. 단, 조심해야 할 것은 억지로 하는 대답이 아니어야 한다는 점입니다.

"…네에…."

이렇게 끝이 늘어지는 대답은 마지못해 한다는 느낌을 주기 때문에 바람직하지 못합니다. 대답하는 당사자는 알지 못하지만 듣는 사람은 다들 알아차립니다.

"네!"

이것이 제대로 된 대답입니다. 크고 힘차게, 똑바로 소리 내어 말해 보세요. "네!"라는 대답은 제3의 눈과 마찬가지로 믿음을 주는 효과가 있습니다. 기운 넘치고 밝게 "네!"라고 말하는 아이에게는 주위 사람들이 점점 더 많은 부탁을 하게 됩니다. 어릴 때부터 여러 부탁을 받는 건 아주 소중한 경험이라고 할 수 있습니다. 그런 아이의 장래는 확실히 보장된 것이나 마찬가지입니다.

영어를 잘하는 사람의 착각

영어가 특기인 사람이 자신의 실력을 살려 뭔가를 해 보겠다고 마음을 먹는 건 아주 일반적인 일입니다. 물론 어느 정도는 잘해낼 수 있을 겁니다. 하지만 이 발상으로 큰 성공을 이루기는 어렵습니다. 무한한 가능성을 스스로 제한하는 결과를 낳기 때문입니다. 다른 이들보다 뛰어난 기술이나 지식을 지닌 사람은 그걸 잘 활용하려 합니다. 그걸 당연하다고 여길지 모르지만, 사실 그것은 잘못된 생각입니다.

성공하기 위해 기술이나 지식 같은 것은 필요 없습니다. 오히려 아무것도 갖고 있지 않은 편이 더 좋습니다. 지닌 것이 아무것도 없다는 것은 무엇이든 할 수 있는 가능성을 품고 있다는 뜻이기도 합니다. 아무것도 갖지 않은 사람은 뭐든 할 수 있으니

돈을 잘 벌 수 있는 사업을 하면 좋겠지요. 오히려 특별한 기술을 갖고 있으면 좋은 결과를 얻지 못할 때가 많은 듯합니다.

'한심한 사람'이 성공한다

예를 들어, 노래를 잘하는 사람이 주변의 칭찬을 받아 가수를 목표로 삼았다고 칩시다. 하지만 곧, "그 정도 노래라면 누구나 부를 수 있어."라는 비판에 부딪히게 됩니다.

극복하면 되지 않겠느냐고 생각할 수도 있습니다. 하지만 그러려면 아주 큰 힘이 필요합니다. 따라서 대부분 중간에서 포기하고 말지요. 그런데 아무것도 할 줄 모르는 사람은 대부분 편안하게 말합니다.

"뭔가 재미있는 일 없을까?"

그러면 주위 사람들이 계속 그 말에 대답해줍니다.

"그런 것쯤이야 얼마든지 있지!"

따라서 세간에서 흔히 말하는 '한심한 사람'이 더 성공할 가능성이 높습니다. 중요한 점은 미리 무엇을 할지 정해 놓고 행동해서는 안 된다는 것입니다. '좋아하는 일만 할 수 있다면 그걸로 충분해.'라며 기타나 퉁기는 사람도 있는데, 이 역시 성공과는 맞지 않습니다. 자신의 특기를 살려 뭔가를 해 보겠다거나, 좋아하는 일을 한다는 사실에 그저 만족하면 머지않아 '가난의 파동'이 생기게 됩니다.

가난의 파동

'가난의 파동'이란 가난을 향해 가는 부정적 에너지, 즉, 마음의 가난을 의미합니다. 가난의 파동을 멈추게 하지 않으면 아무리 애를 써도 행복해질 수 없습니다.

반대로 '풍요의 파동'이라는 것도 있습니다. 둘 다 파동이기에 주변으로 쭉쭉 퍼져나갑니다. 파동은 주위로 퍼진 뒤 몇 배로 커져서 곧 되돌아옵니다. 가난의 파동도 풍요의 파동도 처음에 내보냈을 때보다 훨씬 커진 상태로 자신에게 되돌아오지요. 더구나 '가속의 법칙'에 의해 속도는 더욱 빨라집니다. 그런데 이 '가난의 파동'을 내뿜는 사람들은 늘 돈에 대해 험담을 한다는 특징이 있습니다.

"세상은 돈이 전부가 아니야."

흔히 듣는 말이지만 이것은 돈에 대한 최고의 악담입니다. 이런 험담도 어지간한 부자가 아니면 할 수 없겠지만, 어쨌든 이는 돈 말고도 소중한 게 또 있다는 이야기가 됩니다. 물론 돈보다 중요한 것도 있지만, 돈의 마음을 고려해 보면 그런 말은 너무합니다. 돈의 마음에 상처를 주게 되니까요.

"여자는 너만 있는 게 아니야."

당신을 좋아하는 이에게 이렇게 말하는 것과 마찬가지입니다.

동정한 후에는 긍정의 말을

'가난의 파동'은 다른 사람을 동정할 때도 나옵니다. 가령 얼굴에 심한 습진이 생긴 사람에게, "아이고, 불쌍해라. 괜찮으세요?"라고 말했다 칩시다. 그러면 위로의 마음으로 동정한 그 사람에게도 똑같이 습진이 생길 때가 있습니다. 정리해고를 당한 사람에게, "참 큰일이네요." 하고 동정하면 얼마 후에 자신도 회사에서 정리해고를 당하는 경우도 있습니다.

힘겨운 처지에 있는 사람을 동정하는 것 자체는 훌륭한 태도입니다. 하지만 위로를 한 뒤 긍정적인 말을 덧붙이는 것이 좋습니다. 그렇게 하면 좋은 파동이 생겨서 '가난의 파동'을 약화시킵니다. 습진이 난 사람을 동정한 후에는 이렇게 말해 보세요.

"좋은 약이 있으니 괜찮아요."
"습진 따위는 보이지 않을 정도로 멋진 미소를 갖고 계시네요."

정리해고를 당한 사람은 이렇게 격려하면 됩니다.

"건강하시니 새로운 일자리는 얼마든지 구하실 수 있어요."

가난의 신 쫓아내기

'가난의 파동'을 지닌 사람은 가난의 신이 사막 위에 만들어놓은 신기루를 쫓는 존재입니다.

"거기로 가 보았자 물도 무엇도 없어."

이렇게 말을 해 주어도 아무 소용이 없습니다.

"됐어. 나 좀 내버려 둬. 나한테는 꿈이 있다고."

이렇게 말하면서 성큼성큼 가버리지요. 기껏 가르쳐 줬는데도 오히려 혼쭐만 내니 주위 사람들은 점점 그에게서 멀어지게 됩니다. 가난의 신은 '한숨', '불평', '악담'을 먹고 삽니다. 반대로 '행복'과 '감사'를 매우 싫어하지요. 가난의 신을 쫓아내려면 이렇게 소리 내어 말하면 됩니다.

"나는 참 행복해."
"참 고마운 일이야."
"난 참 풍족해."

아무 생각도 하지 말고 그저 소리 내어 말하기만 해도 가난의 신은 스스로 오해를 해버립니다.

"지금까지 가난 냄새 폴폴 풍기며 함께 살아왔는데, 이제 와서 무슨 짓이람?"

그러면서 입을 삐죽거리며 떠나버리는 것이지요.

노력하지 말자

가난의 신이 떠난 후에 자연스럽게 다가오는 건 '행복의 신'입니다. 행복의 신은 신기루를 만들지 않습니다. 사막은 있는 그대로의 모습일 뿐입니다. 그러니 아무도 그곳에 다가가지 않습니다. 물이 풍부한 지역을 자연스레 찾게 되니 저절로 풍요로워지는 것이지요.

행복해지는 방법은 아주 간단합니다. 특별한 도구도, 뛰어난 재능도 필요 없습니다. 하물며 노력 따위는 방해만 될 뿐입니다. 언제든 어디서든, 누구나 행복해질 수 있습니다. 지금 서 있는 곳에서 방향만 바꾸면 됩니다.

"나는 참 행복해."
"참 고마운 일이야."
"난 참 풍족해."

이 말들로 가난의 신을 쫓아내세요. 곧 행복의 신이 서 있는 방향으로 향하게 된답니다.

하나.

목표를 정하면 그것을 끈으로 묶어서 잡아당기세요. '가속의 법칙'으로 순식간에 목표를 달성할 수 있습니다.

둘.

목표를 달성하면 그 자리에서 쉬지 말고 곧바로 다음의 큰 목표를 향해 나아가세요. 가속을 계속 유지하는 것이 '가속의 법칙'의 핵심입니다.

셋.

언제든 즐겁게 일하세요. 진지함을 버리고 세상을 즐겁게 대하면 세상도 나를 유쾌하게 대해 준답니다.

넷.

최종 목표를 다른 사람에게 말하지 마세요. 묵묵히 에너지를 쌓다 보면, 곧 큰 힘이 되어 당신의 등을 떠밀어줍니다.

다섯.

'가속의 법칙'과 함께 찾아오는 것이 '도미노 현상'입니다. 도미노 현상이 작용하면 좋은 일이 차례로 일어나 순식간에 소망이 이루어집니다.

여섯.

우리의 미간에는 '제3의 눈'이라는 마음의 눈이 있습니다. 이 눈으로 세상의 중요한 것을 볼 수 있지요. 방글방글 웃으면 이 눈이 크게 떠져서 자꾸만 멋진 아이디어가 떠오릅니다.

일곱.

다른 사람의 부탁은 신이 내게 주는 선물입니다. 운세가 좋아졌다는 증거니까 웃으면서 받아들여 보세요.

Chapter 5

78점의 법칙

인생에 반성은 필요 없다

사람은 완벽한 존재가 아닙니다. 모든 사람은 결점으로 가득하며, 그래서 더욱 성장할 가능성을 지닙니다. 이렇듯 완벽한 사람은 없는데도, 세상에는 '완벽주의자'가 존재합니다.

그들은 결코 가능하지 않은 완벽을 추구하며 살아갑니다. 사람은 본래 완벽하지 않습니다. 따라서 실패하더라도 후회하거나 반성할 필요가 전혀 없습니다. 그런데도 완벽주의자들은 무슨 일이든 후회부터 하고 봅니다. 그리고 자신이 아닌 다른 누군가에게 실패의 원인을 돌립니다. 자연스레 주위로부터 외면을 당하게 되지요.

저는 자주 파티를 여는데, 대체로 누구든 파티를 열면 완벽하
게 해내고 싶어 합니다. 그런데 실제로 해 보면 좀처럼 파티를
완벽하게 마칠 수 없습니다. 하지만 그래도 괜찮습니다. 이 세상
에 완벽한 건 없으니까요.

완벽을 강요하면

불완전함을 받아들이는 '불완벽주의자'는 세상을 다르게 봅
니다.

"이 정도면 정말 잘 한 거야."

이렇게 잘된 부분을 찾아내어 스스로를 칭찬해 주지요. 무슨
일을 하더라도 좋은 점부터 바라보니 결과를 두려워하지 않습
니다. 그러니 언제든 자신감을 갖고 도전할 수 있습니다. 만약
실패하거나 불운한 상황에 처하더라도 기죽을 일이 전혀 없습
니다.

"인간은 원래 불완전한 존재니까."

이렇게 생각하기 때문입니다. 실패하더라도 자신을 탓할 일이 없으니, 남의 실수를 엄하게 지적할 필요도 없지요. 하지만 완벽주의자는 실수나 실패를 용서하지 않습니다.

가령, 자신의 아이에게도 완벽을 요구하는 경향이 있습니다. 따라서 아이와 함께 있는 모습을 관찰해 보면 누가 완벽주의자인지 쉽게 구별할 수 있습니다. 완벽주의자인 부모는 아이를 24시간 내내 꾸짖습니다. 저건 안 된다, 이건 안 된다 하며 날카로운 눈빛으로 침까지 튀겨가며 잔소리를 연발하지요.

그렇지만 어린 자녀는 부모도 완벽하지 않다는 걸 이미 알고 있기 때문에, 그런 부모가 왜 자신에게 완벽함을 요구하는지 이상하게 생각합니다. 저도 어릴 때 그런 의문을 가졌지요.

'부모님도 못하시면서 왜 아이인 나한테 완벽을 강요하시는 걸까?'

이렇게 화가 나더라도, 그저 묵묵히 받아들이는 아이가 더 많을 것입니다. 그러나 나중에 어딘가에서 참았던 감정이 폭발합니다. 가정에서 폭발하는 정도로 끝나면 다행이지만, 외부에서 폭발하면 심각한 상황이 벌어질 수도 있습니다. 자칫하면 청소년 비행에 빠져들 가능성이 커지는 것이지요.

아이에겐 칭찬으로

이해할 수 없는 아이들의 문제 행동은 모두 부모의 책임입니다. 아이들은 시험에서 100점을 맞으려고 최선을 다합니다. 하지만 사람은 완벽한 존재가 아니기 때문에 60점을 맞을 때도 있지요. 제일 풀죽어 있는 건 아이 본인인데 완벽주의자인 부모는 혼을 내니, 결과적으로 아이는 완전히 기가 죽어버리고 맙니다. 이렇게 완벽주의자들은 가정에서 아이를 괴롭힐 때가 많으니 주의해야 합니다. 게다가 자신이 하는 일은 다 이유가 있다고 생각하니 질이 더 안 좋습니다. 한번 냉정하게 자기 자신을 되돌아볼 필요가 있습니다.

완벽주의자인 부모의 특징은 또 있습니다. 아이에게 무조건 반성을 시킨다는 점입니다. 실패하거나 부모의 마음에 들지 않는 행동을 하면 즉시 혼을 냅니다.

"당장 반성하지 못해?"

그렇지만 그런 식으로 말하면 아이는 더욱 기가 죽을 뿐입니다. 또한 납득하기 힘든 반성이 이어질수록 아이도 점점 완벽주의자가 되어갑니다. 싫지만 어쩔 수 없이 배우게 되는 것이지요.

이런 식의 반성이 되풀이되면 실패를 두려워하게 됩니다. 시작하기도 전에 실패만 걱정하지요. 실패하지 않고 완벽하게 해내려면 어떻게 해야 할까 항상 전전긍긍합니다. 즉, 완벽주의자 부모는 결국 완벽주의자 아이를 만들고 맙니다. 그러니 아이에게 반성하게 만들지 말고 가능한 한 칭찬을 많이 해주세요.

"참 잘했구나."
"대단한 걸?"
"다음에는 더 잘할 수 있을 거야."

이런 긍정적인 말이 '마음의 컵'에 떨어지는 '깨끗한 물 한 방울'이 됩니다. 또한 말을 듣는 아이 뿐 아니라 소리 내어 말하는 부모의 마음까지 아름다워지지요.

최고 점수는 78점

누구나 시험에서 100점 만점을 받고 싶어 합니다. 하지만 복잡한 인간 사회에서 100점을 받기란 거의 불가능합니다. 사실 사람이 하는 모든 일의 최고점은 78점입니다. 이것이 바로 '78점의 법칙'입니다.

'78대 22의 정리', '유태인의 법칙'이라고도 불리지요. 누군가가 어떤 일을 최대한 잘 해냈다 하더라도, 실제로는 78%밖에 달성하지 못합니다. 항상 22%가 남게 되지요. 하지만 그것으로 충분합니다. 남은 22%는 다음 단계에서 해결하면 되니까요.

개선할 여지 22%

이 세상의 모든 일은 개선을 통해 진보합니다. 항상 무언가가 부족하기에 더 나아지려고 노력하기 때문입니다. 그러니 미래는 반드시 밝습니다. 현재보다 나아질 게 분명하니까요.

사람은 항상 22%의 개선점을 남기고 다음 단계로 나아갑니다. 한 가지 개선점을 고치고 나면 22%의 개선점이 또 남기 때문입니다. 그런데 이걸 반복하다 보면 개선해야 할 부분이 점점 작아집니다. 이것이 바로 '78%의 법칙'입니다.

사람이 하는 일에는 무한히 이어지는 22%의 개선점이 남습니다. 즉, 이 세상에 완벽한 것은 존재하지 않는다는 뜻이지요. 완벽주의자는 뭐든 완벽하게 해내려고 미간에 주름을 잔뜩 잡고 있습니다. 하지만 완벽함이란 불가능하다는 것을 깨달아야 합니다.

실패하는 즐거움

이 세상 누구도 완벽한 존재가 아닙니다. 그런데도 완벽주의자는 불가능한 완벽함을 이루려 하니 여러 가지 문제가 발생합니다. 노이로제에 걸리거나 심한 경우 삶을 포기하기도 합니다. 완벽하지 않은 자신을 용서할 수 없는 것이겠지요. 그렇다고 뭐든 대충 하고 편히 살면 되느냐 하면 그건 또 아닙니다. 어떤 일이든 완벽을 기할 마음으로 하지 않으면 '78%의 법칙'은 작용하지 않습니다.

"완벽하려 애를 썼지만, 그래도 할 수 없는 부분이 있네."
"못해낸 건 다음에 개선해서 또 완벽을 추구하면 돼!"

이렇듯 불완벽주의자는 몇 번을 실패해도 기죽지 않습니다.
오히려 실패하면 기뻐합니다. 이것이 바로 완벽주의자와는 다른 점입니다.

"완벽하지 않은 내가 완벽을 목표로 했지만, 당연하게 실패했어. 또 다음에 완벽을 추구해 보자."

이뿐입니다. 완벽하지 않음을 알고 시작하니까 예상대로 실패하는 자신을 보면 오히려 즐거워할 수 있는 것이지요. 자신이 완벽하지 못하다는 사실을 자각하면 실패해도 기죽을 일이 없습니다. 앞으로 조금씩 나아지면 된다고 긍정적으로 생각하니, 마음이 밝아지고 기운이 넘친답니다.

개선의 법칙

출세만을 추구하는 자신만만한 완벽주의자는 주위 사람들을 정말 피곤하게 만듭니다. 자신의 실패를 늘 타인의 탓으로 돌리기 때문입니다.

"완벽한 내가 실패할 리 없어. 다른 실패 요인이 있을 게 분명해."

이렇게 말하면서 남의 잘못만 따지니 주위 사람들이 견딜 수가 없지요. 완벽한 건 신뿐입니다. 평범한 존재인 우리가 완벽할 수는 없습니다. 이 세상은 완벽하지 않은 인간이 어떻게든 완벽해지려고 수행하는 장소입니다. 완벽을 목표로 해도 그렇지 않은 부분이 반드시 남게 됩니다. 남은 부분은 개선하면 될 일이지요. 지금보다 조금씩 개선함으로써 이 세상 모든 일들이 틀림없이 좋은 방향으로 나아가게 되어 있습니다.

예를 들어, 예전보다 조금 더 밝은 표정을 지어봅시다. 일이나 인간관계가 깜짝 놀랄 정도로 잘 풀릴 겁니다. 이처럼 뭐든 조금씩 개선하면 나아지는데, 이것을 '개선의 법칙'이라고 부릅니다. 이 법칙은 어떤 상황에서든 다 적용되기 때문에, 아무리 사소한 일이라도 효과를 발휘합니다.

악마의 속삭임

이 세상에 완벽한 것은 없습니다. 그러니 아무리 개선해도 완벽함을 바랄 수는 없지요. 그렇지만 꾸준히 개선해 나간다면 절대로 나쁜 결과는 발생하지 않습니다. 살아가는 내내 끊임없이 개선하는 사람은 점점 성장합니다.

이런 예를 회사 경영에 빗대어 보면, 지속적인 개선은 반드시 매출 성장을 가져옵니다. 하지만 안타깝게도 인간은 나약합니다. 자꾸만 나태함이 고개를 들어 개선을 방해합니다.

"이제 그만하고 좀 쉬도록 해."

귓가에서 악마의 속삭임이 들리기 시작하면 조심합시다. 이때

부터 쇠퇴가 시작됩니다.

인기 있는 여성

"어떤 여성이 인기가 많을까요?"

제가 이 질문을 던지면, 아마도 이런 대답이 돌아올 겁니다.

"다정한 여성 아닐까요?"

사실 이 말이 틀린 것은 아닙니다. 하지만 약간의 오류가 있습니다. 남자들이 이상적으로 생각하는 '다정한 여성'은 자신의 어머니입니다. 그런데 어머니는 아이가 잘못하면 꾸중을 합니다. 무섭고 엄격한 면이 있지요. 남성들은 그런 어머니의 모습까지 포함해 '다정하다'라고 느낍니다.

동서고금 할 것 없이 세상 모든 남성에겐 마더 콤플렉스가 있습니다. 여성인 당신이 남성의 호감을 사고 싶다면 어머니가 되는 게 제일입니다. 그렇지만 그냥 평범하게 다정해서는 안 됩니다. 상대가 잘못하거나 나쁜 짓을 했을 때 엄하게 꾸짖어야 하지요. 남자들은 그런 것을 바란답니다.

자신감 있는 태도

그런데 대부분의 여성은 좋아하는 남성에겐 잘해주고, 싫어하는 남성에겐 매섭습니다. 이래서는 엉뚱한 남성의 호감만 사게 됩니다. 정작 좋아하는 남성에겐 다가가기가 힘이 들지요. 예를 들어, 좋아하는 남자와의 데이트 자리에서 저녁 식사에 관한 이야기가 나왔다고 해 봅시다.

"뭐 먹고 싶어요?"
"아무 거나요."

여성은 '당신에게 맡길게요.'라는 뜻을 담아 이렇게 대답했겠지만, 남성 입장에선 상당히 곤혹스럽습니다. 대단한 미식가가 아닌 이상, 먹는 것만 생각하는 사람은 없습니다. 남성들은 어머니가 음식 메뉴를 결정해서 준비해주듯 상대 여성에게도 비슷한 것을 기대합니다. 그런데 이렇게 뜸을 들이니 호감이 생기질 않는 것입니다.

그런데 상대가 별 신경 쓰이지 않는 남자라면, 여성들은 배려를 제쳐두고 자신이 뭘 먹고 싶은지 진지하게 생각합니다. 사실 이게 더 좋은 겁니다. 약간은 제멋대로인 행동이 남자에겐 매력적인 법이니까요.

활달함의 마법

"난 예쁘지 않으니 인기가 있을 리 없어."

혹시 이런 생각에 기죽어 있는 사람이 있다면, 이제부터 제 말을 들어 보세요. 사실 여성의 매력은 외모와 아무 상관이 없습니다. 게다가 평범한 외모를 지닌 사람이 오히려 행복할 가능성이 더 높습니다. '불완벽의 법칙'이 작용하기 때문입니다. 자, 그럼 어떻게 하면 인기 있는 여성이 될 수 있을까요? 아주 쉽습니다. 언제나 활짝 웃으며 쾌활한 모습을 유지하면 됩니다.

우울하지만 아름다운 여성과 활달하지만 평범한 외모의 여성이 나란히 서 있다고 해 봅시다. 과연 어떤 여성이 더 인기 있을까요? 당연히 활달한 여성에게 남자들은 더 호감을 느낍니다.

평범하기 그지없는 외모를 탓하며 칙칙한 색깔의 옷을 입고 우울함을 폴폴 풍기는 여성이 있다면, 당장 산뜻한 옷으로 갈아입고 활짝 웃어 보세요. 주위의 시선부터 달라질 겁니다. 여성에겐 모두 자신만의 반짝임이 있습니다. 활달함을 지니고 밝게 행동하면 이 반짝임이 점점 강해져서 어느새 매력적인 사람으로 바뀌게 된답니다.

결점을 매력으로 만드는 비결

자신감도 매력에 있어 아주 중요한 요소입니다. 한 사람이 지닌 자신감은 스스로의 결점마저 매력으로 만드는 힘이 있습니다.

가수이자 배우인 제니퍼 로페즈는 남들보다 커다란 골반을 지 녔습니다. 하지만 그녀는 몸의 굴곡이 잘 드러나는 의상으로 언 제나 골반을 강조합니다. 이러한 자신감이 그녀의 몸매를 매우 아름답게 보이도록 만들어줍니다. 자칫 결점이 될 수 있던 부분 이 자신감으로 인해 매력으로 바뀐 대표적인 예입니다.

자신감을 갖고 활달하게 행동하면 스스로 결점이라고 생각하 던 부분도 어느새 빛나 보입니다. 사람에게 있어 '자신감'은 이처 럼 중요한 의미를 지닌답니다.

멋진 남자

그럼 인기 있는 남성이 되려면 어떻게 해야 할까요? 이 또한 간단합니다. 이 말을 소리 내어 하면 됩니다.

"나는 인기가 많아."

농담처럼 보일지 모르지만 정말입니다. 반복해서 말하다 보면 어느새 매력적인 남성이 되어 있을 겁니다. 사실 저는 인기가 많습니다. 그 이유는, 어떤 상황에서든 '힘들지 않다'고 생각하기 때문입니다. 이걸 쉽게 이해하려면 여성에게 차였을 때를 생각해 보면 됩니다.

이 경우, 저는 힘들지 않습니다. 언젠가 좀 더 멋진 여성이 나타날 것이기 때문입니다. 즉, 여성한테 차인다는 건 제게 있어 곤란한 일이 아니라 오히려 기쁜 상황이 되는 것이지요.

'그렇게 받아들인다면야 행복하겠지만, 만사가 그렇게 잘 풀릴리 없잖아.'

이런 식으로 생각하는 사람도 있을 겁니다. 하지만 전보다 훨씬 멋진 여성이 반드시 나타납니다. 설령 나 자신이 '이제 됐어요.'라고 생각해도 나타나는 것이지요.

10년 뒤의 나

그건 아마도 제가 항상 하는 생각 덕분일 겁니다.

'예전에 사귀었던 여성을 다시 만났을 때 멋지다는 칭찬을 들

고 싶다.'

저는 언제나 이런 생각을 갖고 삽니다. 어쩐지 어린애 같은 마음으로 보일지도 모릅니다. 하지만 이건 매우 중요한 사고방식입니다.

"10년 사이에 굉장히 꼴사나워졌구나."

모처럼 만났는데 이런 소리를 들으면 기분이 좋을 리 없습니다.

"저 사람이 바로 예전에 내 남자친구였어!"

이렇게 여성이 당당하게 자랑하는 남자가 되어야 하지 않을까요? 사실 이런 생각에는 옛 연인에 대한 감사의 마음이 스며 있습니다.

'비록 헤어지게 되었지만 그동안 나와 사귀어줘서 고마워.'

이런 고마움이 담겨 있는 것이지요.

'저런 남자와 사귀다니, 그동안 시간 낭비만 했어.'

상대방이 이렇게 여기게 하고 싶진 않습니다. 그래서는 그 여성이 손해를 본 것과 마찬가지니까요. 남성은 여성에게 손해를 보게 하면 안 됩니다. 그 손해가 반드시 자신에게 돌아오기 때문입니다.

괜찮아, 걱정하지 마

그런데 인기 없는 남자에겐 무엇이 부족할까요? 바로 행동력입니다. 이건 우주의 법칙이지요. 눈매가 날카로운 폭주족 남성은 대체로 인기가 많습니다. 그런 남성이 매력적인 이유는 리더십, 다시 말해 행동력이 있기 때문입니다.

"나를 따라와!"
"자, 신나게 달려 볼까!"

이런 말은 언제든 멋져 보이게 마련입니다. 하지만 그렇다고 폭주족이 될 수는 없는 노릇입니다. 그럼 대체 어떻게 해야 할까요? 제일 좋은 방법은 이런 말을 입버릇처럼 하는 겁니다.

"괜찮아, 걱정하지 마!"

그러면 틀림없이 인기를 얻게 됩니다. 게다가 이 말을 자주 하면 어느새 성격까지 적극적이 되지요.

"내가 어떻게든 할 테니까 괜찮아. 걱정할 필요 없어."

이런 말을 해 주는 사람이 곁에 있으면 저절로 안심을 하게 됩니다. '괜찮음의 파동'이 배어 나오기 때문입니다. 믿음직한 남성은 언제 어디서든 인기가 있게 마련입니다.

마음이 편안해지는 순간

실제로 전쟁터에 있었던 사람이 해 준 이야기입니다. 그 사람이 타고 있던 군함 쪽으로 적이 발사한 포탄이 비 오듯 떨어지기 시작했습니다. 당장이라도 죽을 것 같아 떨리는 가슴을 부여잡고 있는데, 나이 많은 군인 하나가 그 사람에게 부드럽게 말했습니다.

"애야, 괜찮단다. 분명 포탄이 이 배를 피해갈 거야."

억지스러운 이야기긴 했지만, 신기하게도 그 말을 듣는 순간 마음이 편해졌다고 합니다.

'그래, 아마 괜찮을 거야.'

이런 기분이 들었다고 하지요. 저는 지금의 상황에서도 이 이야기가 맞아 떨어진다고 생각합니다. 최근 일본의 경제는 오랜 세월에 걸친 불황으로 좀처럼 나아질 기미가 보이지 않습니다.

"큰일이야, 큰일."

누구든 이렇게 머리를 싸맨 채 어두운 표정만 짓지요. 그렇지만 저는 걱정하지 않습니다. 분명 다 괜찮을 테니까요.

적극적인 사람

남자라면 누구든 여성들의 인기를 한몸에 얻고 싶을 것입니다. 사실 간단한 방법이 있습니다. 바로 적극적인 남성이 되는 겁니다.

"못할 것도 없지."

이 말을 소리 내어 여러 번 해 보세요. 신기하게도 도움이 된답니다. 단, 너무 어깨에 힘을 주어서는 안 됩니다. 편하고 자연스럽게 말하는 것이 좋습니다. 아름다운 말은 물방울이 되어 마음의 컵에 똑똑 떨어진다는 이야기를 했습니다. 이 말을 여러 번 소리 내어 말하면 어느새 마음의 컵이 매력으로 가득 차게 됩니다. 그 즈음 당신은 적극적이고 행동적인 사람이 되어 있겠지요.

물론 그런 일이 단번에 이루어지진 않습니다. 컵 속의 물이 하루 이틀 만에 바뀌진 않으니까요. 한동안 인기와는 거리가 있을 수도 있지만, 그런 건 신경 쓰지 마세요. 포기해서도 안 됩니다. 컵의 물이 곧 맑아질 것이기 때문입니다. 그리고 말과 행동이 일치하게 되는 날이 곧 다가옵니다.

열심히 일하면

다만 여기서 주의할 점이 있습니다. 적극성이 여성에게 직접 향해서는 안 됩니다. '101번째 프러포즈'라는 드라마에서 남자 주인공은 끊임없이 사랑을 표현합니다. 그리고 결국 여성의 마음을 얻지요. 하지만 현실에서는 그런 일이 절대 일어나지 않습니다. 여성을 향한 남성의 행동력은 그저 민폐일 뿐입니다. 남성이 적극성을 쏟아부어야 할 곳은 바로 '자신의 일'입니다.

폭주족 남성은 오토바이에 몰입하니 멋져 보입니다. 만약 그런 차림새로 여성을 따라다니면 스토커 취급만 당할 겁니다. 엉뚱한 데 행동력을 쓰는 셈이지요. 오토바이를 타지 못할 상황이라면 일에 열중하는 게 제일입니다. 일에 몰두하는 남성은 언제나 인기가 많은 법이니까요.

시선이 달라질 때

일에 몰입하기로 마음을 먹었다면, 곧바로 행동력을 보여야 합니다. 예를 들자면 이렇습니다.

사장님이 사람들 앞에서 묻습니다.

"이 일을 해낼 사람이 누구 없을까요?"

주변 동료들이 머뭇거릴 때 당신이 앞으로 나서며 말하세요.

"제가 하겠습니다!"

그때부터 세상의 시선이 달라질 것입니다.

"점수를 따려고 용을 쓰는구나."
"그렇게 의욕만 보인다고 출세할 수 있는 게 아니야."

이런 잡음이 들릴지도 모릅니다. 하지만 신경 쓰지 마세요. 그저 태연한 얼굴로 지내면 됩니다. 조만간 주변에서도 당신을 다르게 볼 테니까요. 주위 사람들이 물러날 때 선뜻 나서기란 쉬운 일이 아닙니다. 그래서 이 말이 필요한 겁니다.

"못할 것도 없지."

이 말을 천 번 소리 내어 말하다 보면 몸이 자연스럽게 앞으로 나가게 됩니다. 노력이나 근성은 필요하지 않습니다. 그렇게 하려고 애를 써 보아도 꾸준히 이어지지 않을뿐더러, 그럴 필요도 없습니다. 소리 내어 말하는 사이에 자연히 그렇게 되는 것입니다.

우렁찬 나팔 소리

이것은 어딘지 모르게 나팔 소리와 비슷한 면이 있습니다. 예전에는 병사들에게 돌격 나팔 소리를 자주 들려주었습니다. 우렁찬 소리가 들려오면, 힘차게 앞으로 나아가도록 훈련을 하는 것입니다.

적을 눈앞에 두면 누구나 가슴이 떨립니다. 하지만 매일 듣던 돌격 나팔 소리에 몸이 저절로 나아가게 됩니다. 회사에서도 마찬가지입니다. 남들이 하지 않으려는 일에 나서려면 가슴이 두근거릴 수밖에 없습니다.

"못할 것도 없지."

이 말이 돌격 나팔 소리처럼 우리를 자연스럽게 앞으로 이끄는 것입니다.

성공의 파동

"못할 것도 없지."

소리 내어 이 말을 반복하다 보면, 몸이 자연스레 앞으로 나가며 점점 적극적으로 행동하게 됩니다. 예를 들어, 엘리베이터 안에서 사장님과 마주쳤다고 해 봅시다. 대부분은 머뭇거리며 구석으로 물러설 겁니다. 하지만 당신은 한 걸음 나아가 사장님에게 가까워지려 하겠지요. 그게 무슨 소용이냐고 생각할 수도 있습니다. 하지만 아주 큰 의미가 있답니다.

환심을 사서 출세하겠다는 얄팍한 마음이 아닙니다. 크든 작든 사장이라는 직함을 가진 사람은 일단 회사 안에서 가장 성공한 인물입니다. 즉, '성공의 파동'을 가지고 있지요. 한 걸음 나아가 사장님에게 다가가면 자신에게는 없는 '성공의 파동'을 느낄 수 있습니다.

모처럼 얻은 기회이니 사양하지 말고 이 파동을 느껴 보세요. 언젠가 여러분에게 귀중한 힘이 되어줄 것입니다. 정도의 차이는 있겠지만, 성공한 사람들은 반드시 이런 파동을 지니고 있습니다. 그리고 파동이 강한 사람 곁에 있으면 자신의 파동도 함께 강해집니다.

인기를 얻는 말

지금까지 설명한 내용을 실천도 하지 않고 여성들만 쫓아다니면 외면당하는 것은 당연합니다. 여성을 뒤돌아보게 만드는 최고의 방법은 쉽게 말을 걸지 않는 것입니다. 가끔 이렇게만 말해도 충분합니다.

"전 당신을 좋아하니까, 장래에 대해서도 생각해 주세요."

그 여성이 나를 어떻게 생각하는지는 신경 쓰지 않아도 됩니다. 일단 말로 표현해 보세요. 이것만으로도 인생이 크게 바뀝니다. 이렇게 말해도 좋습니다.

"어차피 누군가와 결혼할 테니, 이왕이면 나를 선택해 봐요."

자신의 의사만 확실하게 표현하세요. '전 당신이 마음에 들어요. 나에 대해 한번 생각해 보세요. 그리고 만약 제가 마음에 들면 사귀고 싶습니다.' 이런 의미를 말속에 담기만 하면 됩니다. 이제 남은 건 그 여성을 잊고 무언가에 몰두하는 것입니다. 출근하면 일단 최선을 다해 열심히 일하세요.

"나는 일이 참 즐거워."
"난 일이 너무 좋아."

이렇게 말하면서 일을 한다면 최고입니다. 불평하지 않고 최선을 다하는 남자는 반드시 인기를 얻게 됩니다.

'좀 약한 소리를 하면 동정해 주지 않을까?'

이 같은 생각을 하는 남성에겐 아무도 다가가지 않습니다. 한심한 남성에게 손 내미는 여성은 오직 어머니뿐입니다. 연인을 어머니와 착각하는 남성에게 대부분의 여성은 소름이 돋지요. 모성 본능을 자극하는 건 자칫 실수가 될 수 있습니다. 그러니 아예 잊도록 하세요.

마치 왕자님처럼

남성은 사랑을 '받고' 싶어 하고, 여성은 사랑을 '주고' 싶어 합니다. 그러니 집요하게 애정을 쏟는 남성에게 여성이 매력을 못 느끼는 것도 당연합니다. 시대를 막론하고 여성은 백마 탄 왕자님을 동경합니다. 따라서 남성은 그러한 왕자님이 되면 됩니다. 회사의 왕자님, 폭주족의 왕자님, 뭐든 좋으니 그 집단의 왕자님이 되어 보세요.

왕자님이 되기 위해 남성은 자신이 가진 힘을 모두 쏟아부어야

합니다. 하지만 대부분 10% 정도밖에 노력하지 않습니다. 90%
를 여성에게 쏟아붓기 때문입니다. 여성의 입장에서 보면, 백마
탄 왕자님을 기다리고 있는데 웬 별 볼 일 없는 남성이 스토커처
럼 쫓아다니니 견딜 수가 없는 것입니다.

스키장에서도 마찬가지입니다. 다른 이들에겐 눈길도 주지 않
고 스키에 몰입하는 남성이 가장 매력적입니다. 스키는 제쳐두
고 여자 뒤꽁무니만 쫓아다니는 남성은 누구도 상대해 주지 않
습니다. 스키도 안 타면서 스키장엔 왜 왔는지 그저 한심할 뿐이
지요.

아내를 위한 배려

몰입하는 남성은 언제나 매력적입니다. 당연히 인기도 한몸에
받고 행복한 결혼을 하게 되지요. 그러면 결혼을 한 뒤에는 어떻
게 하는 것이 좋을까요? 예를 들어, 아내가 오래간만에 동창회
에 다녀오겠다고 말합니다. 그럴 때 "그럼 내 밥은 어떡해!" 하면
서 불평을 늘어놓아서는 안 됩니다.

"느긋하게 잘 놀다 와."

딱 이 말만 하세요. 그러면 아내는 분명 당신을 다시 보게 될 겁니다. 아내가 쇼핑을 했을 때도 마찬가지입니다. "왜 당신 것만 사는 거야!" 하는 한심한 소리는 꺼내지 마세요. 원래 여성은 꾸밀수록 빛이 나는 존재입니다. 그런 여성이 더 활달하며, 행복한 삶을 삽니다. 자신감이 넘치기 때문입니다. 만약 여윳돈이 생긴다면 아내에게 다정하게 말해 보세요.

"이걸로 당신한테 필요한 옷을 마음껏 사. 나는 신경 안 써도 돼. 남자는 작업복 한 벌이면 충분하니까. 당신이 아름다우면 나도 행복해."

어때요, 멋지지 않나요? 어떤 경우든 말이 중요합니다. 꼴사나운 사람은 부족한 말만 해댑니다.

"나는 바깥에서 열심히 일하는데, 당신은 집에서 낮잠이나 자?"

이런 못난 소리를 하니까 미움을 받는 겁니다. 값비싼 선물을 할 수 없는 상황이라면 이렇게 말해 보세요.

"여보, 당신은 훨씬 귀한 사람인데, 이것밖에 주지 못해서 미안해."

아내의 환한 미소가 대답으로 돌아올 것입니다.

부모의 마음으로

딸을 가진 부모의 마음이 되어 보면 상황을 좀 더 쉽게 이해할 수 있습니다. 부모에게 있어 딸은 천금 같은 존재입니다. 이십 년이 넘는 세월 동안 애지중지 길러 오늘에 이른 것입니다. 그런 부모에게, "따님을 좋아하니까 제게 주십시오."라고 말하는 건 헛소리나 다름없습니다. 보석 상점에 가서, "이 사파이어가 무척 아름답군요. 공짜로 하나 주세요." 이렇게 말하는 것과 마찬가지입니다. 부모의 마음을 고려해서 이런 말을 해 보는 건 어떨까요?

"소중한 따님을 제가 반드시 행복하게 해 주겠습니다."

분명 마음을 얻을 수 있을 겁니다.

하나.

완벽한 사람은 없습니다. 실패하는 건 당연한 일입니다. 부족한 점을 개선해 나가면서 사람은 점점 성장하는 법입니다.

둘.

불완벽주의자가 되세요. 완벽주의자는 미움만 받고 절대 성공하지 못합니다.

셋.

아이를 칭찬으로 키우세요. 자주 꾸중하고 반성을 강요하면 실패를 두려워하는 사람이 되고 맙니다.

넷.

세상 모든 일은 78점이 만점입니다. 나머지 22점은 개선을 위한 여유분입니다. 개선점이 있기에 미래는 항상 현재보다 희망적입니다.

다섯.

활달한 여성이 인기도 많은 법입니다. 자신감을 갖고 당당하게 행동하세요. 결점도 매력으로 바꿀 수 있습니다.

여섯.

'힘든 일은 없다.'라고 생각해 보세요. '괜찮음의 파동'으로 여성들의 인기를 한몸에 받게 됩니다.

일곱.

경제가 어렵더라도 '괜찮음의 파동'이 있으니까 괜찮습니다!

여덟.

회사에서 사장님과 마주치면 가까이 다가가세요. '성공의 파동'을 느낄 수 있습니다.

아홉.

배우자를 존중하세요. 가정에 행복이 찾아듭니다.